Inhalt

Die »Natur« der Frau / Vorbemerkungen   7

1. Die »neue« Frau.   13
2. Weibliche Zukunft?.   25
3. Frauen und Weiblichkeit   31
4. Frauen als Opfer krimineller Gewalt   47
5. Frauen- und Männer-Werte   63
6. Frauen und »neues« Denken   75
7. Die Angst der Frauen vor Liebesverlust   82
8. Psychoanalyse als Aufklärung – nur für Männer? . . .   97
9. Frauen, Psychoanalyse und Feminismus 123
10. Frauen und psychoanalytische Identität 143
11. Eine deutsche Frau – Leni Riefenstahl 157

Frauen – gestern und heute
Ein Interview 169

Anhang
Literaturverzeichnis . . . .
Namen- und Sachregister 184

Die »Natur« der Frau / Vorbemerkungen

Der Titel meines 1985 erschienenen Buches »Die friedfertige Frau« hat Anlaß zu vielerlei Mißverständnissen gegeben, die manchmal weniger der Formulierung anzulasten sind als vielmehr einer gewissen Bereitschaft, mißzuverstehen. In den vielen Gesprächen, in Diskussions-, Vortrags- und sonstigen Veranstaltungen seit Erscheinen des Buches, aber auch in Rezensionen und anderen Kommentaren bin ich immer wieder gefragt worden, ob ich denn allen Ernstes der Meinung sei, daß Frauen von vornherein, also von Geburt an, friedlicher und damit »besser« seien als Männer.

Wenn die Frage nur von Männern gekommen wäre, könnte ich mich darauf beschränken, ihnen zu empfehlen, von meinem Buch nicht nur den Titel, sondern auch den Inhalt zu lesen. Doch die Fragen wurden mir auch immer wieder von Leserinnen entgegengehalten, die sich durchaus und intensiv mit dem Buch beschäftigt hatten, und vor allem auch von »kämpferischen« Frauen, deren oft nur allzu berechtigte Empfindlichkeit gegenüber geheimen Unterstellungen und Diffamierungen mir nicht fremd ist.

Um es noch einmal klar zu sagen: Ich bin mitnichten der Meinung, daß Frauen von »Natur« aus friedlicher sind als Männer. Schön wär's ja, wenn die »Geschlechterfrage« so einfach zu beantworten wäre, wenn es stichhaltige Anhaltspunkte für die Behauptung gäbe, wir Frauen seien das moralisch höherstehende Geschlecht und an unserem Wesen könne die Welt genesen.

Doch leider – oder zum Glück – sind die Verhältnisse nicht so...

Eines läßt sich jedoch sagen: Die Werte, die der Frau in der heute üblichen Erziehung nahegelegt werden, sind zum großen Teil humaner als diejenigen, die der männlichen Erziehung zugrunde liegen. Einfühlungs- und Liebesfähigkeit, Verantwortung und Fürsorge für die Schwachen dieser Welt, Güte, Nachsicht, ausgleichende Vermittlung werden nach wie vor als »weibliche« Tugenden deklariert. Vom Mann dagegen werden Selbstbehauptung, Erfolg, Überlegenheit, Härte, Gefühlsbeherrschung, moralische Rigidität als der männlichen Werteskala entsprechend erwartet.

Bei dieser geschlechtsspezifischen Werteverteilung – die noch keineswegs völlig überholt ist – kommt der kritische Mitmensch unweigerlich zu dem Schluß, daß die weiblichen Werte weit sympathischer und zukunftsträchtiger erscheinen als die vom Mann geforderten »Tugenden«. Aber solche geschlechtsspezifischen Leitwerte haben natürlich nur wenig mit »Natur« zu tun und sind getrennt, auf das jeweilige Geschlecht verteilt, auch dann kontraproduktiv, wenn sie humane Inhalte haben.

Aber nicht einmal »meine« Wissenschaft, die Psychoanalyse, postuliert die Existenz zweier von Natur aus unterschiedlicher Menschen, eines aggressiven, macht- und herrschsüchtigen, dafür aber kulturschaffenden und eines passiven, willfährigen und weitgehend »kulturlosen« Menschen. Dabei hat die Psychoanalyse, jedenfalls in ihrer reaktionären Ausprägung, bei allen ihren Thesen und Theorien über die Persönlichkeitsentwicklung und die Bisexualität jedes Menschen eigentlich nur den Mann im Sinn, sozusagen als »Leitbild«. Die Frau in der Psychoanalyse ist dadurch »gekennzeichnet«, daß ihr alles fehlt, was den Mann ziert, vor allem natürlich der Macht und Potenz symbolisierende Penis. Die Frau in der Psychoanalyse ist ein Mangelwesen, und entsprechend eingeschränkt sehen die psychoanalytischen Vorstellungen vom Wesen der Frau aus. Freud selber vermochte noch am Ende seines Lebens nur einen »dunklen Kontinent«

wahrzunehmen und stellte, immer noch Hilfe suchend, die Frage: »Was will das Weib?« Offenbar mußte er »das Weib in sich« weitgehend verdrängen, obwohl doch gerade er auf die Bisexualität eines jeden Menschen hingewiesen hatte und obwohl sich seine weibliche Uridentifikation, wie ich meine, in seiner Methode verwirklichte. Seine Theorie der Weiblichkeit hingegen war weitgehend von männlichen Phantasien über die Frau geprägt.

Trotz dieser – hier nur unzulänglich beschriebenen – Einengung der Sichtweite käme kein Psychoanalytiker – von seinen Kolleginnen ganz zu schweigen – auf den abenteuerlichen Gedanken, der Frau eine aggressionslose Friedlichkeit zuzuschreiben. Ja, er würde bei einer allzu »friedlichen« Frau schnell argwöhnen, daß sie eine Menge an Feindseligkeiten zu kaschieren habe. Mit anderen Worten, solche »Friedlichkeit« wäre – psychoanalytisch formuliert – eine »Reaktionsbildung« oder Folge einer masochistischen Wendung gegen das eigene Ich.

Deswegen könnte ich schon aufgrund meiner Profession gar nicht auf den abwegigen Gedanken kommen, der Frau eine quasi naturhaft-friedliche Grundausstattung anzudichten. In Anlehnung an sozialpsychologische Vorstellungen könnte man freilich argumentieren, der Mensch sei, ob friedlich oder bösartig, das Produkt seiner Sozialisation. Das Argument hat einiges für sich, doch auch mit ihm läßt sich keine naturwüchsige Differenz zwischen Frau und Mann nachweisen. Für die Sozialisation wäre es völlig gleichgültig, ob der Mensch, also Frau und Mann, von Natur aus aggressiv oder friedlich wäre; entscheidend wären der Prozeß und die an ihm beteiligten Faktoren, die auf das »Ausgangsmaterial« einwirken. Wie auch immer, eine Zweiteilung der Menschheit in Friedliche und Unfriedliche ist weder biologisch, psychologisch, soziologisch noch sonstwie zu halten. In der These einer wesensmäßigen Friedlichkeit der Frau steckt, wie so oft, auch eine geheime Diffamierung, kann sie doch auch bedeuten, daß die Frau, im Gegensatz zum Mann, nicht in der Lage ist, sich im Leben aktiv zu behaupten – weil sie eben viel zu friedlich ist und folglich, spinnt man den Gedanken weiter, auf Wehr und Waffen des Mannes angewiesen... Oder aber sie ist zu beschränkt und dumpf, um das Elend ihrer Mitmenschen wahrzunehmen, und zu feige, um sich mit den Mächtigen, die es verursachen, anzulegen.

Doch kehren wir zu der anfangs erwähnten Titelformulierung zurück. Der aufmerksamen Leserin wird nicht entgangen sein, daß ich bei der Auseinandersetzung mit dem Mißverständnis oder der Unterstellung immer nur von »friedlich« und nicht von »friedfertig« gesprochen habe – genau wie meine Kritikerinnen und Kritiker. Die beiden Adjektive sind nämlich von ihrer Bedeutung her nicht deckungsgleich. In dem Wort »friedfertig« steckt die freundliche Bedeutung von »bereit und fähig, friedlich zu sein«. Die »Friedfertige« ist also nicht die »Friedliche«, sondern die »zur Friedlichkeit Neigende«. Ob Frau oder Mann grundsätzlich oder mehr oder weniger oder ob die eine mehr als der andere zum Frieden neigen, darüber läßt sich lange streiten, auch ohne daß man gleich eine naturhafte Anlage bei dieser oder bei jenem in Erwägung ziehen müßte, eine Erwägung, die ich aus Gründen, die ich hier kurz zusammengefaßt habe, natürlich niemals anstellen würde.

Doch abgesehen von all diesen Überlegungen – die »friedfertige« Leserin und auch der »friedfertige« Leser werden ohnehin den Titel nicht mißverstanden und spätestens bei der Lektüre gemerkt haben, daß er, erkennbar an dem heute nicht mehr allzu gebräuchlichen »Beiwort«, ironisch gemeint ist und provozieren soll. Insofern sind auch die Widersprüche weder überraschend noch unwillkommen.

Zur Mühsal der Emanzipation – das Thema dieses Buches – gehört aber nicht nur die gelegentliche Auseinandersetzung mit Mißverständnissen und theoretischen Spitzfindigkeiten, wie sie Männer, wie mir scheint, mehr lieben als Frauen. Dazu gehören vor allem die alltäglichen, ermüdenden, an Sisyphus-Arbeit erinnernden Konfrontationen mit offenen wie versteckten Diffamierungen, mit Schulterklopfen und Vertröstungen oder Lobhude-

leien, die in Wahrheit bestehende Rollensstereotype und Machtverhältnisse aufrechterhalten sollen. Dazu gehören aber auch
unsere eigenen eingeengten Seelenbereiche, unsere Mühsal, uns
von Identitätszwängen zu befreien, unsere Schwerfälligkeit, bestehende »Werte« und »Ideale« in ihrer dialektischen Dimension
oder in ihrer Fragwürdigkeit wahrzunehmen.

Wir müssen uns nicht nur gegen den Mann, wir müssen uns auch
gegen uns selbst durchsetzen, gegen unsere uns früh eingebleu-
ten Phantasien, unsere durch Erziehung verbogenen Wünsche,
die uns von Kindheit an eingetrichterten »männlichen« und
»weiblichen« Wertvorstellungen, die wir nur allzu geneigt sind,
kritiklos zu verinnerlichen. Die »Männerwelt« begegnet uns
draußen wie drinnen, und unsere äußere Befreiung wird ohne
eine innere Befreiung keinen Bestand haben. Die ständige Auseinandersetzung mit dem falschen Wissen und den Vorurteilen
der Innen- wie der Außenwelt gehört zu der immer wieder von
Rückschlägen bedrohten Mühsal der Emanzipation.

Dieses Buch kreist um das Thema, das ich bereits in der »Friedfertigen Frau« angeschlagen habe, betrachtet es aber unter anderen Gesichtspunkten oder interpretiert Aspekte neu. Einige Kapitel sind unmittelbar aus Diskussionen über das frühere Thema
hervorgegangen. Andere verfolgen Wege, die ich früher nicht
eingeschlagen habe oder nicht verfolgen konnte. Die hier vorge-
legten Texte sind jedoch keine Fortschreibung der »Friedfertigen
Frau«, sie sind durchaus eigenständig und ohne Kenntnis des
früheren Buches verständlich.

Das vorliegende Buch verdanke ich in vielem den Leserinnen
und Lesern meines früheren Buches, meinen Kritikerinnen und
Kritikern, wie auch den vielen Zuhörerinnen und Zuhörern, die
meine Vorträge besucht haben. Die »Friedfertige Frau« hat offensichtlich eine breite Diskussion ausgelöst, so daß mehrere
Texte dieses Buches Teile und Richtungen dieser Diskussionen
festzuhalten versuchen, als Ausgangspunkt weiterer Diskussionen, die notwendig sein werden, bis sich Frauen aus den vielfäl-
tigen Rollenzwängen befreit haben. Je mehr Frauen sich selbst

wie der sie umgebende Gesellschaft kritisch gegenüberstehen, um so eher wird es ihnen zur Selbstverständlichkeit, an den dringend erforderlichen Veränderungen einer äußerst gefährdeten Menschheit teilzunehmen. Wir drohen nicht nur an unserer traditionellen, doppelten Moral (der für Männer und der für Frauen, der für Mächtige und der für Schwache) unterzugehen, sondern auch an der männlichen »Ratio«, dem unkritischen, platten und egoistischen Fortschrittsglauben, der alles Zerbrechliche, wie die Natur, aber auch menschliches Glück, Wärme, Leidenschaft und Einfühlung füreinander, zu zerstören droht.

Mein Dank gilt wieder einmal Marieluise von Schweinichen für ihre unschätzbare Hilfe bei der Herstellung des Manuskripts. Willi Köhler danke ich für seine »Geburtshilfe«, die dieses Buch das Licht der Welt erblicken ließ. Schön, daß es heute solche männlichen Hebammen gibt. Karola Brede half bei der Durchsicht des Manuskripts. Herbert Bareuther besorgte die Bibliographie. Auch ihnen möchte ich herzlich danken.

Im Herbst 1989   Margarete Mitscherlich

1. Die »neue« Frau

Gibt es sie – die neue Frau? Wird die Zukunft weiblich? Solche Fragen setzen natürlich vielerlei Überlegungen voraus. Was verstehen wir unter weiblich, einer weiblichen Zukunft? Ist damit gemeint, daß Frauen unsere Rettung sind und daß ohne sie die Welt der Männer zum Untergang verurteilt ist? Das läßt sich meines Erachtens von niemandem eindeutig beantworten, da es weniger auf die Individuen und deren geschlechtliche Zugehörigkeit ankommt als vielmehr auf die Werte, denen Männer wie Frauen huldigen oder denen sie unkritisch verfallen sind.

Jedenfalls glaube ich nicht an eine unmittelbare Besserung der Zustände in der Welt, wenn die Gesellschaft im Sinne bestimmter Politiker, die auf die Stimmen von Frauen aus sind, »feminisiert« werden sollte. Solche Begriffe legen es uns Frauen nahe, daß wir im Grunde die besseren Menschen seien, viel zu gut, um an der bösen Politik oder gar an der Macht teilzuhaben. Der Einsatz unserer überlegenen weiblichen Werte käme deswegen in der Familie, als der wertvollsten Grundlage unseres Volkes, am besten zur Geltung. Frau merkt die Absicht und ist verstimmt.

Denn unter Berufung auf weibliche Qualitäten wie Opferbereitschaft, Fürsorglichkeit, Einfühlung in die Schwachen und Unterdrückten dieser Welt läßt sich dann auch leicht begründen, warum Kürzungen staatlicher Sozialhilfe vorgenommen und soziale Dienste wieder in die private Verantwortung von Frauen verwiesen werden.

Indem »Mann« Frauen als die besseren Menschen idealisiert,

13

kann er sie seit jeher gesellschaftlich und politisch in gewünschter Distanz halten. Nichts braucht sich zu ändern. Kein etablierter Politiker denkt zum Beispiel im Ernst daran, den Paragraphen 218 aus dem Strafgesetzbuch zu tilgen. Es bleibt »Männersache«, ob, wann und wie Frauen Kinder in die Welt zu setzen haben; dabei geht es doch um Hilfe in konfliktbeladenen, oft tragischen Situationen, bei denen gesetzliche Strafen gänzlich unangebracht sind. Die Diskussion über den Zeitpunkt, wann in einer Schwangerschaft menschliches Leben beginnt, ist müßig und ideologisch. Sie geht an der Wirklichkeit des menschlichen Lebens vorbei. Bei der Unterscheidung für oder wider die Austragung einer Schwangerschaft haben wir es mit meist komplizierten sozialen und psychologischen Problemen zu tun.

Wie jedermann weiß, entsteht menschliches Leben aus der Verbindung zweier Menschen, die sich – so hofft man zumindest – lieben. Wenn das aber nicht oder nicht mehr der Fall ist, widrige Umstände ihnen ein dauerhaftes Zusammenleben nicht erlauben oder überhaupt die sozialen und beruflichen Möglichkeiten so begrenzt sind, daß weder das Kind noch die Mutter damit erträglich leben könnten, was wird dann aus dem potentiellen, neu entstehenden Menschen? Dieser ist leider nicht imstande, selbst ja oder nein zu seinem Lebenseintritt zu sagen. Wenn die potentiellen Eltern ihn, den potentiellen Menschen, nicht mehr mit Liebe erwarten oder ihm keine liebevolle Kindheit bereiten können, soll dieser dann vielleicht oder wahrscheinlich einem ungeliebten Leben ausgesetzt werden?

Das sind Überlegungen, mit denen jede Frau, die letztlich die Entscheidung über das Austragen einer Schwangerschaft zu fällen hat, konfrontiert ist. Neben den persönlichen psychosozialen Problemen sind wir alle mit dem überpersönlichen Weltproblem einer Bevölkerungsexplosion konfrontiert. In den letzten dreißig Jahren hat sich die Weltbevölkerung verdoppelt. Ist uns die Elendssituation in der Dritten Welt mehr oder weniger gleichgültig? Kümmern wir uns vielleicht vor allem egoistisch um den eigenen nationalen Fortbestand, ist der »Schutz des ungeborenen Lebens« in Indien oder Südamerika von geringerer Bedeutung?

Doch Männer, so scheint es, bringen nun einmal mehr Interesse für das ungeborene Leben auf als für das geborene, das ihnen leicht lästig fällt und das sie deswegen gern der Mutter oder auch dem Elend überlassen. Männern scheint vor allem an der Herrschaft über die Frau und ihre Sexualität gelegen zu sein. Sie vergessen deswegen auch gern, daß nicht der Geburtenrückgang in einigen wenigen wohlhabenden europäischen und amerikanischen Industrieländern zu einem Menschheitsproblem geworden ist, sondern eben jene explosionsartige Vermehrung der Menschen im weit größeren Teil der Welt, eine Vermehrung, die mit Hunger, Krankheit und Not in kaum vorstellbaren Dimensionen verbunden ist.

Als ich vor einiger Zeit in einer Fernsehdiskussion zu sagen wagte, man möge sich doch weniger Sorgen um den Geburtenrückgang in der Bundesrepublik machen und sich dafür mehr um das Elend der Kinder in der Dritten Welt kümmern oder auch beispielsweise um die Türkenkinder im eigenen Land, und auf eine Frage der Moderatorin hinzufügte, daß man es eigentlich nicht bedauern könne, wenn derjenige Teil der deutschen Mentalität langsam aussterbe oder sich mit Denkweisen anderer Kulturen vermische, der zwei Weltkriege vom Zaun gebrochen und millionenfachen Völkermord auf sich geladen habe, wurde ich brieflich und telefonisch mit Schmähungen überhäuft und mit Mord- und Gewaltdrohungen konfrontiert, in einer Sprache, die dem Nazi-Hetzblatt »Stürmer« in nichts nachstand. Mein Plädoyer für mehr Offenheit gegenüber der Kultur und der Mentalität anderer Völker, für mehr Einfühlung und Toleranz den Gastarbeitern und Asylanten gegenüber wurde von vielen meiner neonationalistischen deutschen Mitbürger als Nestbeschmutzung und Vaterlandsverrat angesehen.

Die Anrufer und Briefeschreiber waren keineswegs alle ungebildete oder sprachlich unbeholfene Angehörige einer »Unterschicht«, sondern unter ihnen waren viele Sprachgewandte und akademisch Gebildete. Sie drückten das »neue deutsche Wir-Gefühl« aus, einen Neonationalismus, wie er im Wahlkampf seit längerem von vielen konservativen Politikern und heute ungeschminkt von den »Republikanern« beschworen wird. Indem ich an eine typisch deutsche Mentalität der Vergangenheit erinnerte und den Fremdenhaß und die Geschichtsklitterung der Gegenwart beim Namen nannte, hatte ich offenbar, so hieß es, »unser einziges Heiligtum Deutschland« unerhört beleidigt.

Wie läßt sich eine solche Reaktion erklären, was hatte den sich so aggressiv-chauvinistisch gebärdenden deutschen Mann – denn es waren zu 95 Prozent Männer – so tief getroffen? Ich werde das im folgenden zu erklären versuchen. Dafür sind Wiederholungen unvermeidbar.

Im Laufe der Jahrhunderte entwickelten Frauen aufgrund ihrer gesellschaftlichen Unterdrückung und ihrer von bestimmten Wertvorstellungen geprägten Erziehung eine andere Art des Denkens (und Verhaltens) und ein anderes Selbstverständnis als Männer. Sie wurden von Kindheit an dazu angehalten, sich mehr mit den eigenen Gefühlen auseinanderzusetzen und fremde Gefühle mehr zu beachten als Männer. Dem steht die gefühlsabwehrende Selbstbehauptung des Mannes gegenüber, die ihm in unserer Gesellschaft geradezu abgefordert wird.

Ein von innerpsychischen Vorgängen einerseits, von erzieherischen Maximen und Werten andererseits geformtes »Gewissen« vermag in einer traditionell autoritären Gesellschaft ein explosives Gemisch aus Haß und paranoider Gewalt, Servilität und Idealisierung herzustellen. Diese Art von männlichem »Gewissen« hatte ich offenbar in Aufruhr versetzt, als ich mich in der erwähnten Fernsehsendung gegen die bei Männern übliche Konfliktlösung wandte. Sündenböcke erlauben es, Gewalttätigkeit und Verachtung auszuleben, um die Idealisierung des Vaters, des »Heiligen Vaterlandes« und der eigenen Sippe aufrechtzuerhalten.

In meinem Buch »Die friedfertige Frau« habe ich mich ausführlich mit Entstehung und Inhalt des geschlechtsspezifischen »Gewissens« auseinandergesetzt. Ich fasse zusammen: In seinem Essay »Das Unbehagen in der Kultur« beschreibt Freud die psychoanalytische Auffassung der männlichen Über-Ich-Entwicklung im Zusammenhang mit abgewehrten Aggressionen gegenüber väterlichen Autoritäten. Wie die Frau mit ihrem Aggressionstrieb umgeht, läßt er weitgehend unerwähnt, denn das durch Abwehr von Aggressionen und als Folge von Kastrationsangst entstehende Über-Ich des Mannes bildet sich, so Freud, bei Frauen nur unvollständig aus. Sie ist deswegen, so läßt sich folgern, nicht im gleichen Ausmaße wie der Mann dem Zwang ausgesetzt, Aggressionen und solche Gefühle, die ihr Angst machen, verleugnen und projizieren zu müssen. Die beim Mädchen mehr aus Angst vor Liebesverlust denn aus abgewehrtem Autoritätshaß und vernichtender Kastrationsangst verinnerlichten Gebote der Eltern können nicht nur zu einem »schwachen Über-Ich« führen, sondern auch zur Bildung eines »Gewissens«, das mehr auf die Erhaltung der Liebe nahestehender Menschen als auf die gesetzestreue Einhaltung von Geboten um ihrer selbst willen ausgerichtet ist.

Das an Ver- und Geboten orientierte männliche Denken läßt nur wenig Flexibilität zu. Die weibliche »Moral«, die Flexibilität der Frau im Umgang mit der sie umgebenden Umwelt, ist an solche Zwänge nicht gebunden und kann deswegen nicht nur theoretisch, sondern oft auch in der Realität liebevoller, beweglicher und humaner sein als die Moral der männlichen Welt. Wegen ihrer Objektbezogenheit und ihres oft übergroßen Bedürfnisses nach Liebe besteht für die Frau allerdings die Gefahr, ihre verinnerlichten Aggressionen in eine sadomasochistische Opferhaltung zu verwandeln oder sich mit männlichen Wertvorstellungen und Verhaltensvorschriften unkritisch zu identifizieren.

Auch wenn Frauen weniger zu Projektionen und Aggressionsverschiebungen neigen als Männer, so unterstützen sie doch oft durch ihre unkritische Haltung gegenüber der männlichen Wertwelt deren mit Gewalttätigkeit verbundene Feindsuche und das männlich-narzißtische Imponier- und Selbstdarstellungsgehabe. Wenn aber Frauen Männern die Bewunderung versagen und für Gleichberechtigung kämpfen, ziehen sie sich in kürzester Zeit die Aggressionen der gekränkten und/oder verängstigten Männer zu und werden in deren Sündenbock- und Feindregister einbezogen. Daher halte ich es für notwendig, Frauen immer wieder auf ihre Rollenstereotypien aufmerksam zu machen, von denen sie sich so schwer lösen können. Frauen haben nun einmal die gefährliche Neigung, sich an »männlichen Werten« zu orientieren. Gleichzeitig akzeptieren sie oft unbesehen »weibliche Werte«, die in einer männlichen Gesellschaft natürlich auch von Männern erdacht wurden. Immer mehr Frauen wagen es, sich von dieser traditionellen männlichen Wert- und Denkwelt zu lösen und ihr andere Werte gegenüberzustellen. Früher war das oft mit Lebensgefahr verbunden.

Dafür ein Beispiel: Seit 1789 kämpfte die französische Revolutionärin Olympe de Gouges für die Abschaffung aller männlichen Vorrechte. In ihrer »Erklärung der Rechte der Frau und Bürgerin« (1781) forderte sie, daß die »Erklärung der Menschenrechte«, in der die Situation der Frau wenig oder gar nicht berücksichtigt wurde, durch die »Erklärung der Rechte der Frau« ergänzt werden sollte. Im Vorwort zu dieser Erklärung wendet sie sich an Marie-Antoinette, von der sie damals hoffte, daß sie sich an die Seite der Frauen stellen würde:

»Diese Revolution wird sich erst dann vollziehen, wenn sämtliche Frauen von ihrem beklagenswerten Los durchdrungen und sich des Verlustes ihrer Rechte in dieser Gesellschaft bewußt sind. Majestät, unterstützt dies schöne Unterfangen; verteidigt dies unglückliche Geschlecht; und bald werdet Ihr die eine Hälfte des Reiches gewonnen haben und nicht weniger als ein Drittel der anderen dazu« (S. 38).

Ihre Kritik an Robespierre scheint uns heute zutreffender als das Urteil der meisten ihrer männlichen Zeitgenossen: »Robespierre erscheint mir seit je ein vom Ehrgeiz getriebener Emporkömmling; bar jeden Genies, ohne Seelengröße, war er bereit, das Schicksal der Nation aufs Spiel zu setzen, um an die Macht zu gelangen. Sein wahnsinniger und blutrünstiger Geltungsdrang war mir unerträglich, weshalb ich ihn nicht anders als einen Tyrannen verfolgte...« (S. 122). Mit diesen Worten ihrer Verteidigungsrede vor dem Revolutionstribunal war das Urteil über Olympe de Gouges gefällt: Sie endete 1793 auf dem Schafott.

Aber trotz der vielen schweren Rückschläge und tausendfachen Enttäuschungen im Laufe der Jahrhunderte gaben Frauen ihren Kampf gegen Unterdrückung und Ausbeutung, gegen Unvernunft und männlichen Wahnsinn nicht auf. Das heißt natürlich nicht, daß Frauen in idealer Solidarität zusammenstanden. Auch Frauen, die sich leidenschaftlich für die Frauenbewegung einsetzten, bildeten nicht unbedingt eine politische Einheit. Auch bei ihnen gab es in Vergangenheit und Gegenwart Meinungsunterschiede, die natürlich den Hohn und Spott, die Schadenfreude und auch die Erleichterung zahlreicher sich bedrängt fühlender Männer mit sich brachten.

Dennoch läßt sich nicht übersehen, daß in den letzten Jahren des Zweiten Weltkrieges zahlreiche alleingelassene Frauen kritische Fähigkeiten entwickelten. Sie erkannten, allerdings zu spät, die ausweglose Situation, in die sie durch die verheerende Ideologie ihrer Männer geraten waren. Als die entidealisierten Männer gebrochen aus Krieg und Gefangenschaft zurückkamen, hatten viele Frauen gelernt, ohne sie auszukommen.

Trotzdem wurden in den fünfziger Jahren die Frauen in seit langem überholte Rollenmuster zurückgedrängt. Erst Ende der sechziger Jahre erlebten wir eine neue Welle des Aufstandes von Frauen gegen den männlichen Chauvinismus. Frauen erkannten, daß die antiautoritäre Gesinnung ihrer Kommilitonen, Freunde und Ehemänner nur für Männer Geltung hatte. Das patriarchalische Verhalten auch dieser Männer den Frauen gegenüber änderte sich überhaupt nicht.

Sobald organisierte Frauen auf Gleichberechtigung oder gesellschaftliche Veränderungen drängen, stoßen sie nach wie vor auf den massiven Widerstand der Männer. Doch auch in der neuen Frauenbewegung finden wir einerseits Intoleranz, die wir bekämpfen sollten, andererseits Meinungsdifferenzen, die notwendig sind und zu einer offenen Auseinandersetzung beitragen. Einigkeit besteht bei allen um Emanzipation bemühten Frauen darin, daß sie die überkommenen männlichen und weiblichen Lebensformen und Wertnormen verändern möchten.

In den letzten Jahren zeigte sich ein Trend zu »neuer Weiblichkeit«, zu einer neuen Idealisierung von Mütterlichkeit, von Aufopferungs- und Gebärschmerz. Die Rückkehr zu antiaufklärerischen Positionen läßt sich einerseits als Sehnsucht nach frühen symbiotischen Erlebnissen mit dem ersten Liebesobjekt, der Mutter, verstehen, andererseits als Suche nach Werten, die Frauen in der bestehenden Gesellschaft nicht finden.

In den Vorarbeiten zu »Kassandra« zeigt Christa Wolf, daß die Dramen des Äschylos den Übergang von der Moral des Mutterrechts zu der Moral des Vaterrechts widerspiegeln: »So will der männliche Dichter diese Frauen sehen: haßvoll; eifersüchtig, kleinlich gegeneinander – wie Frauen werden können, wenn sie aus der Öffentlichkeit vertrieben, an Haus und Herd zurückgejagt werden; genau dies geschah in den Jahrhunderten, deren Summe des Aischylos großes Drama zieht« (1983, S. 41).

In der uns überlieferten Geschichte haben mutterrechtliche Gesellschaften kaum eine Rolle gespielt. Die früheren mutterrechtlichen Denkweisen, die man rückschließend vermuten kann, sind in den uns von Historikern vermittelten Jahrhunderten untergegangen. Die Frauenverachtung in den christlichen Kirchen ist bekannt. Ob man die Frau nun zur Hexe erklärte, auf die man eigene Phantasien projizierte, oder sie zur sprachlosen Heiligen hochstilisierte – auf jeden Fall gelang es, sie durch Idealisierung oder Verteufelung aus dem öffentlichen Leben zu vertreiben.

Die von bewußten und unbewußten Aggressionen getriebenen Männer haben oft den sprachlichen Zugang zum eigenen Inneren und den Motiven ihrer Handlungen verloren. »Was die anonymen nuklearen Planungsstäbe mit uns vorhaben, ist unsäglich; die Sprache, die sie erreichen würde, scheint es nicht zu geben« (S. 85). Sprachlosigkeit, Unkenntnis der eigenen Gefühle und Motive werden zur Ichlosigkeit. Wenn wir als Frauen die Verbohrtheit des männlichen »Rationalismus« kritisieren, wird uns oft irrationale Wissenschafts- und Fortschrittsfeindlichkeit vorgeworfen. Dies bringt, um noch einmal Christa Wolf zu zitieren, »wiederum die Frage auf, was, von heute aus und aus den Voraussetzungen dieser Zivilisation, (überhaupt noch) ›Fortschritt‹ sein könnte, da doch der männliche Weg, alle Erfindungen und Verhältnisse und Gegensätze auf die Spitze zu treiben, bis sie ihren äußersten negativen Punkt erreicht haben: jenen Punkt, der dann alternativlos bleibt, beinahe an sein Ende gelangt ist« (ebd., S. 101).

Die Kritik von Frauen am männlichen Rationalismus wird zu Unrecht als wissenschaftsfeindlich interpretiert oder als Vorbereitung zu einem neuen Blut- und Bodenmythos mißverstanden. Andererseits muß zugegeben werden, daß die »neue Weiblichkeit« auch zur Flucht in eine neue Privatheit werden kann, zu magischen Denkformen oder kritikloser Selbstverherrlichung von »Weiblichkeit«.

»Zur Brutstätte der neuen Weiblichkeit aber sollte erst die politische Tendenzwende seit Mitte der siebziger Jahre werden«, meint Ulrike Heider (1987). »Ausgelöst von der ökonomischen Krise kam es zum Rückzug großer Teile der neuen Linken auf ihr eigenes, bald nicht mehr linkes, sondern alternatives Milieu. Viele Feministinnen vollzogen das nach, indem sie, einem amerikanischen Konzept folgend, ihre größeren politischen Zusammenhänge verließen, um sich statt dessen in kleinen Gesprächsgruppen, den Frauenselbsterfahrungsgruppen, wiederzufinden... Die kulturrevolutionäre Erkenntnis aus den Anfängen der Frauenbewegung, daß das Private politisch und daß das Politische privat sei, begann ihre antidogmatische Funktion zu verlieren, um die Entpolitisierung großer Teile der Frauenbewegung zu fördern. Nach Freud wurde jetzt auch Marx auf den theoretischen Müll geworfen...«

Große Teile der Frauenbewegung lehnten es ab, sich eingehend mit Freuds Theorien zu beschäftigen. Die Abwertung der Psychoanalyse durch Simone de Beauvoir, deren Kritik verkürzt und nicht immer zutreffend ist, wurde unbesehen akzeptiert. Die aufklärerischen Potentiale der Psychoanalyse wurden unterschätzt oder überhaupt nicht wahrgenommen. Dabei kann die psychoanalytische Erkenntnis der unbewußten Motive des Handelns und Denkens den männlichen Vorurteilen Frauen gegenüber sowie der männlich orientierten Wertwelt die Basis entziehen. Die Psychoanalyse deckte die diesen »höheren Werten« zugrunde liegenden, aber abgewehrten sexuellen und aggressiven Triebbedürfnisse auf. Wenn Simone de Beauvoir Freud vorwirft, die Libido *nur* als männlich zu sehen, vergißt sie die Arbeiten Freuds, in denen er von der bisexuellen Veranlagung beider Geschlechter ausgeht. Die Psychoanalyse, so Freud (1913, S. 724), »beruht nicht auf Spekulation, sondern auf Erfahrung und ist, dieser Herkunft gemäß, als Theorie unfertig«.

Diese Toleranz und Offenheit Freuds hinderten ihn, als Mann seiner Zeit, jedoch nicht daran, Theorien über die Weiblichkeit aufzustellen, die wir heute mehrheitlich ablehnen, die er aber selber nur als vorläufig ansah. Die offene Einstellung Freuds neuen Erfahrungen und Denkweisen gegenüber ist mittlerweile bei manchen Analytikern verlorengegangen. Ich werde darauf in einigen Kapiteln dieses Buches ausführlich eingehen.

Jene Analytiker, die gesellschaftliche und erziehungsabhängige Prozesse in ihrer Wirkung auf die psychische Entwicklung weitgehend vernachlässigen und eine biologisch-ahistorische Auffassung zu den Entwicklungsphasen der Frau vertreten, idealisieren folglich »Weiblichkeit« und »Mütterlichkeit« als mehr oder weniger naturgegeben. Manche Psychoanalytiker und Psychoanalytikerinnen hängen einem Frauenbild an, das eher ins neunzehnte als ins zwanzigste Jahrhundert paßt.

Kehren wir zu Freud zurück! Was hat er tatsächlich gesagt? Seine ersten Patienten waren bekanntlich Frauen. Seine frühen Erfahrungen mit Patientinnen gingen in die Anfänge der Psychoanalyse ein.

Im Gegensatz zu den ersten psychoanalytischen Darstellungen über seine Erfahrung mit Patientinnen bezieht sich Freud in seinen »Theoretischen Abhandlungen« (z. B. in den »Drei Abhandlungen zur Sexualtheorie«) vor allem auf die männliche Entwicklung. Die weibliche Psychologie war für ihn fortan ein »dark continent«. Die Sexualität der Frau war nach seiner Auffassung durch Penisneid bestimmt. Der vordringliche Wunsch der Frau, einen Penis zu besitzen, den sie infolge wachsender Realitätseinsicht aufgeben müsse, verwandele sich in den Wunsch, ein Kind vom Vater zu bekommen, ein Wunsch, der den Ursprung ihrer heterosexuellen Entwicklung bilde. Der »phallische Monismus« Freuds deklarierte das weibliche Genitale zu einer Art Leerraum, der sich nur mit Hilfe des Mannes füllen lasse. Diese Theorie, die Freud aber als vorläufig ansah, ließ keine eigenständige weibliche Sexualität zu. Freud führte die Schwierigkeiten zwischen Mann und Frau auch auf beiderseits unverstandene Wünsche und Bedürfnisse zurück.

Es gibt meines Erachtens keinen anderen Ausweg aus diesem Dilemma als die im Alltag verwirklichte Partnerschaft zwischen Mann und Frau, die auf dem Bewußtwerden ihrer durch Erziehung geprägten Männlichkeits- und Weiblichkeitsideale beruht. Wenn beide Eltern in der Lage sind, die Individualität des anderen zu verstehen und zu fördern, und wenn beide sich an der frühkindlichen Betreuung der Kinder beteiligen, können geschlechtsspezifische Fehlentwicklungen und das spätere Aneinandervorbeileben von Partnern verhindert werden.

Viele Männer, folgt man ihren politischen Diskussionen, scheinen immer die gleichen Einwände gegen grundlegende Änderungen vorzubringen. Die Haltung Gorbatschows zur Abrüstung hatte seinerzeit den deutschen Bundeskanzler offenbar so tief erschreckt, daß er keinen anderen Ausweg sah, als Gorbatschow mit Goebbels zu vergleichen. Mittlerweile hat er – zumindest nach außen hin – seine Meinung geändert. »Keine Experimente«, so hieß es zu Adenauers Zeiten. »Weiter so Deutschland«, war die jüngste Wahlparole. Immer wieder werden die gleichen Argumente vorgebracht; um Sicherheit herzustellen, muß in irgendeiner Weise aufgerüstet werden; wegen der Arbeitsplätze kann auf die Nutzung der Atomkraft nicht verzichtet werden; die Industrie muß wachsen, ob sie nun die Umwelt zerstört oder nicht, »Sachzwänge« machen eben eine Änderung von Politik und Wirtschaft unmöglich.

Frauen, die sich anders identifizieren als Männer, anders erzogen wurden als diese, fällt es leichter, sich aus deren Denkzwängen zu lösen; sie können die Eingleisigkeit der männlichen Politik eher durchschauen. Das mag auch damit zu tun haben, daß Frauen aufgrund ihrer Erziehung ihren Gefühlen näherstehen als Männer und daß sie diese Gefühle nutzen, um sich der Wahrheit oder der Wirklichkeit zu nähern. So ist es vielleicht nicht falsch zu behaupten, daß Frauen anders denken als Männer.

Die Psychoanalyse, die den subjektiven Faktor, das heißt die eigenen Gefühle und Erlebnisse, zu Erkenntniszwecken miteinbezieht, möchte ich deswegen als eine weibliche Art der Wissenserwerbung verstehen. Der traditionellen positivistischen Art des Wissenserwerbs geht es um objektive Forschungsmethoden, die zu Resultaten führen sollen, die von der Subjektivität des Forschers unabhängig sind. Dagegen kommt die Psychoanalyse gerade durch den Einsatz des Subjekts zu ihren Ergebnissen. Frauen, so die gängige Meinung, werden von ihren Gefühlen beherrscht; sie seien daher unfähig zu objektivem Denken. Die Psychoanalyse setzt aber gerade auf die Möglichkeit, mittels kritischer Wahrnehmung der eigenen Gefühle neue Erkenntnisse über krankmachende Konflikte zu gewinnen. Da sie aber nach wie vor – was ihre Machtposition betrifft – in den Händen von Männern liegt, blockiert sie oft selbst ihre Fähigkeit, ein neues Paradigma des Wissenserwerbs darzustellen. Psychoanalytikerinnen, die sich dem männlichen Denken und Verhalten anpassen, ändern nichts an diesem Zustand.

2. Weibliche Zukunft?

Die Frage provoziert geradezu Mißverständnisse. Wenn man sie so versteht, daß die Frauen, so wie sie sind, unsere Rettung seien und die Welt der Männer vor dem Untergang bewahren könnten, kann man dem nur widersprechen. Die Vorstellung einer von »Natur« aus friedfertigen Frau, die Kriege und Zerstörungen für immer verhindern könnte, ist ein Ideal, keine Realität. Auch kommt es weniger auf die geschlechtliche Zugehörigkeit eines Individuums an als vielmehr auf die Werte, die Männer wie Frauen unkritisch übernehmen – mit katastrophalen Folgen.

Weibliche Friedfertigkeit als Allheilmittel gegen männliche Gewalt, männliche Selbstidealisierung und Selbstverborgenheit auszuspielen, ist naiv und gefährlich zugleich. Nach meiner Auffassung ist die Kampfbereitschaft der Frauen unerläßlich, um Rigidität und Perfektionismus männlich-chauvinistischen Denkens zu beseitigen und die selbstgeschaffenen, angeblich unumgänglichen »Sachzwänge« der Männer aufzuheben.

Frauen werfen mir gelegentlich vor, daß ich ihnen mit meinen Arbeiten den »bösen Blick« nehmen würde, der allein sie dazu befähige, die unerträgliche männliche Wertewelt mit der notwendigen Schärfe wahrzunehmen und zu bekämpfen. Außerdem würde ich Frauen darin bestärken, sich als unschuldige Opfer der Untaten in einer Männerwelt zu fühlen oder sich selbst als die besseren Menschen zu idealisieren. Das ist ein Mißverständnis! Gewiß glaube ich nicht, noch habe ich ge-

25

schrieben, daß die Frauen von Geburt an friedfertiger sind als Männer. Sie lernen vielmehr aufgrund ihrer gesellschaftlichen Situation und ihrer Erziehung, ihre Aggressionen zu unterdrükken oder sie gegen sich selbst zu wenden. Auch bin ich nicht der Ansicht, daß man sich als Mitläufer oder Mitläuferin aus der Verantwortung für unmenschliche Taten und katastrophale Entwicklungen herausstehlen kann. Mit Sartre teile ich die Ansicht, daß der Mensch die Verantwortung dafür trägt, was er oder sie aus dem macht, was die Gesellschaft aus ihm oder ihr gemacht hat. Insofern tragen auch Frauen in Gegenwart und Vergangenheit eine Mitverantwortung für die Untaten der Gesellschaft, in der sie leben, auch wenn sie in der Mehrzahl nicht zu Täterinnen werden. »Mitläufer« unterstützen direkt oder indirekt die Täter. Jeder, der sich Unrecht und Gewalt gegenüber passiv verhält, sollte sich klarmachen, daß er oder sie, heute wie damals, zum Mittäter oder zur Mittäterin wird.

Allerdings ist es sehr schwer, sich Verhaltensvorschriften und Rollenzwängen seiner Gesellschaft zu entziehen. Die Geschichte der Frauenbewegung offenbart den tödlichen Haß von Männern, mit denen Frauen bei ihrem Kampf zu rechnen haben. Gleichzeitig zeigt sich, wie schwer es selbst kämpferischen Frauen fiel, sich von männlichen und weiblichen traditionellen Wertvorstellungen zu lösen. So befreiten sich die Frauen innerhalb der sozialistischen Internationale zwar partiell von traditionellen Wertvorstellungen, fügten sich aber der politischen Sicht der Männer, für die die Gleichberechtigung der Frau nur eine sekundäre Frage im Klassenkampf war, »eine Position«, so Rita Thalmann, »die sich ebenso gegen die Verfechter der ›natürlichen Bestimmung‹ der Frau als Ehefrau und Mutter, wie gegen die Feministinnen richtet« (Rita Thalmann, 1982, S. 22).

Der bürgerliche Teil der Frauenbewegung in Deutschland, vertreten durch den »Allgemeinen Deutschen Frauenverein«, orientierte sich weitgehend an konventionellen Rollenvorstellungen und nationalistischen Werten. Die ihm angehörenden Frauen ordneten sich dem Bild der »Weiblichkeit« in diesem

Milieu unter. »In Deutschland müssen wir mit viel Taktgefühl und nach konservativen Methoden vorgehen«, erklärten die Frauen des »Frauenvereins« in ihrer Botschaft an den Kongreß des Internationalen Frauenrates, um ihren Verzicht auf Mitgliedschaft zu rechtfertigen (ebd., S. 23).

Im »Frauenverein« sammelten sich Frauen, die einerseits für Gleichberechtigung vor allem in Ausbildungsfragen kämpften, sich andererseits staatserhaltend gebärdeten und mit traditionell-kleinbürgerlichen Aufstiegswerten identifizierten. Das nationalistische Einschwenken der Frauen, das unter dem Naziregime seinen Höhepunkt erreichte, ist spätestens seit 1871 in diesen Teilen der Frauenbewegung evident. Gertrud Bäumer verstieg sich zu Beginn des Ersten Weltkriegs zu den Sätzen:

»Der Tod auf dem Schlachtfeld ist eingefügt in die große Kette menschlichen Strebens und Ringens. Mit ihm erkauft ein Geschlecht Segen und Entfaltung für alle kommenden. Aus dem Gefühl, daß ihm einzig von Millionen anderen beschieden ist, selbst seinem Tod noch den Adel eines Zweckes zu geben, hat zu allen Zeiten der Soldat es süß und erhaben gefunden, für das Vaterland zu sterben. Und das können die Frauen in tiefster Seele nachfühlen. Es ist ein mütterliches Grunderlebnis, daß Leben und Kraft hingeopfert werden muß, damit neues Leben um so schöner erblühen kann« (G. Bäumer, 1914).

Von dieser Einstellung zu der Hitler-Ideologie ist es nicht weit. Susan Sontags Beschreibung der faschistischen Kunst als einer Kunst, die Unterwerfung glorifizierte, blinden Gehorsam feierte und den Tod verherrlichte, kann auch für diesen Teil der Frauenbewegung zu Beginn des Jahrhunderts gelten (1974, S. 112). Die Sozialistinnen waren in den Augen dieser nationalistischen Frauen wie in denen der Männer »vaterlandslose Gesellen« bzw. »Gesellinnen«.

Die radikalen Feministinnen entsagten diesem nationalistischen Werte-Raster. Sie wollten keine »besonderen Frauenrechte« innerhalb einer Welt der Männerbünde, sondern kämpften für neue

Wert- und Rollenvorstellungen und eine grundlegend veränderte Geschlechterbeziehung.

Nach dem Ersten Weltkrieg hatte es anfänglich den Anschein, als ob für die Frauen tatsächlich eine neue Ära anbrechen würde. Diese Hoffnungen mußten bald begraben werden. Denn der bürgerlich angepaßte, nationalistische Teil der deutschen Frauenbewegung vertrat Ideale, die denen der Hitler-Zeit bedenklich nahekamen, Ideale, die man bis weit ins 19. Jahrhundert zurückverfolgen kann. Der nationalsozialistische Männerbund, der Antisemitismus, Sozialdarwinismus und Frauenverachtung predigte, hatte viele Vorgänger. Für Hitler und seinesgleichen war die Frauenemanzipation eine »jüdische Erfindung«, für andere Männer vor ihm eine »Vergewaltigung« der Natur. Gottfried Feder, Mitbegründer der NSDAP, schreibt: »Durch die Kräfte der sexuellen Demokratie hat der Jude uns die Frau gestohlen. Unsere Jugend muß sich erheben, um den Drachen zu töten, damit wir von neuem die heiligste Sache der Welt erlangen können, die Frau als Jungfrau und Dienerin« (R. Thalmann, ebd., S. 77).

Ähnlich die Frauenrechtlerin Gida Diehl: »Der Mann trägt die Nation, die Frau trägt die Familie. Die Gleichberechtigung der Frau besteht darin, daß sie innerhalb eines durch ihre Natur begrenzten Wirkungsbereiches die größte Achtung genießt, die ihr auch zukommt... Beim Mann herrscht der Verstand vor. Er sucht, entdeckt und häufig eröffnet er neue, unermeßliche Reiche... Das Gefühl hingegen ist viel beständiger als der Verstand, und die Frau, die Gefühl ist, ist folglich das Element der Stabilität« (ebd., S. 76).

Hitler brachte also letztlich nur auf den Punkt, was bereits vorher als Werte und Ideale gepriesen worden war. So fiel es ihm nicht allzu schwer, Frauen der bürgerlichen Frauenbewegung in die nationalsozialistischen Frauen- und Mädchenbünde einzuspannen. Die radikalen Feministinnen und die Sozialistinnen hingegen wurden sofort nach der Machtergreifung Hitlers erbarmungslos verfolgt.

Der neuerliche Versuch deutscher Historiker – alles Männer, soweit ich sehe –, Auschwitz mit den Gewalttaten Stalins zu vergleichen, die Nazi-Untaten als einen aus Not geborenen Abwehrkampf gegen asiatische Gewalt zu bezeichnen oder auch als deren Nachahmung historisch einzuordnen, läßt sich so wenig rechtfertigen wie der Versuch, die NS-Herrschaft in die Nähe revolutionärer historischer Umwälzungen zu rücken und so »Auschwitz« als quasi normalen revolutionären Akt zu etikettieren. Auschwitz war in den Augen der Männer des »Dritten Reiches« eine Art nationale Selbsttherapie: Man reinigte damit das »heilige Deutschland« von menschlichem Ungeziefer und menschlichen Krankheitserregern. Nicht zufällig waren Ärzte in diesen »Heilungsprozeß« tief verwickelt. Indem sie Juden zur gefährlichen Seuche erklärten, erkannten die harten deutschen »Helden« nicht, daß sie selbst die bösartigste Krankheit der Deutschen darstellten (s. a. M. Mitscherlich, 1987).

Der »Sauberkeit« des »Heiligen Deutschland« hatte auch der deutsche Frauenkörper zu dienen. Frauen rangierten nur wenig über den Kühen – erinnert sei nur an die Institution »Lebensborn«. Gegen diese Einstufung wehrten sich sogar einige der sonst willfährigen Nationalsozialistinnen. »Zuchtstute oder Arbeitspferd« – so hat Göring das Dilemma des Umgangs mit Frauen in den letzten Kriegsjahren bezeichnet.

Frauen sind von Natur aus sicherlich nicht friedfertiger als Männer; sie sind psychobiologisch mit Aggressionen nicht anders ausgestattet als Männer. Die Erziehung, die sich von gesellschaftlichen Werten herleitet, produziert das weibliche und das männliche Rollenverhalten. Die von den Eltern vermittelten Werte, Haltungen, Erwartungen und Phantasien werden vom abhängigen Kind verinnerlicht und von ihm psychisch in vielfältiger Weise verarbeitet.

Frauen lernen aber, mit ihren Aggressionen, wie überhaupt mit ihren Gefühlen, anders umzugehen als Männer. Das hat den Vorzug, daß ihnen der Kontakt zu ihrer Gefühlswelt gewöhnlich erhalten bleibt. Einfühlung in andere ist ihnen selbstver-

29

ständlicher als dem Mann. Sie sind weniger zu gesellschaftlichem Erfolg verpflichtet. In ihrem Beruf neigen sie deswegen weniger zu narzißtischer Selbstdarstellung. Projektionen mit entsprechender Aggressionsverschiebung und Gewaltneigung sind beim Mann aufgrund seiner Erziehung und psychischen Entwicklung weit wahrscheinlicher als bei der Frau. Nicht die »friedfertige« Frau, die es sowieso nicht gibt, sorgt für den Frieden und für eine menschliche Zukunft, sondern nur die Frau, die sich die falschen Werte bewußt macht und sie bekämpft.

Ist also die Zukunft weiblich? Sicherlich, wenn wir unter Weiblichkeit die Einfühlung in den Andersdenkenden verstehen und nicht seine Verteufelung und wenn wir hoffen können, daß weibliches Denken »Sachzwänge«, die unseren Globus zu zerstören drohen, als Rationalisierung durchschaut. Wir sollten auch nicht vergessen, daß Rassismus und Sexismus, Rassenhaß und Frauenverachtung in der Geschichte Hand in Hand gehen; sie sind Grundlage jedes Männerwahns. Nur nachdenkliche Frauen können ihn durchbrechen.

3. Frauen und Weiblichkeit

Frauen gehen zwar mit ihren Aggressionen anders um als Männer, sind aber natürlich weder aggressionslos noch sollten sie es sein. In meinem Buch »Die friedfertige Frau« forderte ich Frauen zu weniger Friedfertigkeit auf. Die traditionell angepaßte Friedfertigkeit der Frau hat ihre Situation in der Gesellschaft nicht verbessert noch trug sie dazu bei, die Männerwelt weniger gewalttätig und paranoisch zu machen.

Die männliche Welt ist von der Neigung beherrscht, eigene destruktive Aggressionen auf andere, auf »Feinde« zu verschieben, von denen die Männer dann behaupten können, daß sie die Verfolger sind. Mit dieser »Self-fullfilling Prophecy« begründeten Politiker über lange Zeit den Sinn ihres Rüstungswahns. Die Rigidität ihres pseudovernünftigen Denkens erlaubte ihnen kein Aussteigen aus der Atomenergie; sogenannte »Sachzwänge« beherrschen die von Männern geführte Gesellschaft. Widerstand gegen diese Art des Handelns und Argumentierens regt sich noch nicht sehr lange. Die Frauenbewegung hat wesentlich zum Umdenken beigetragen und auch dazu, daß unsere angeblichen »Demokratien« nicht mehr ausschließlich Männerdemokratien sind.

Meine Untersuchungen haben mit Praxis und Theorie der Psychoanalyse zu tun. Die Schlüsse, die ich ziehe, sind Folgerungen aus einer über vierzigjährigen Auseinandersetzung mit dieser Disziplin.

Vor einiger Zeit nahm ich an einer Diskussion über Bertha Pappenheim teil, die als »Anna O.« in der Geschichte der Psychoanalyse eine bedeutende Rolle gespielt hat. Sigmund Freud nannte sie die »eigentliche Begründerin der Psychoanalyse«. Sie war eine Patientin von Dr. Breuer, der damals Freuds väterlicher Freund war. Der Fall Anna O. erscheint erstmalig 1895 in den »Studien zur Hysterie«, die Breuer gemeinsam mit Freud schrieb. Freud selber hat Anna O. nie gesehen, kannte sie vor allem aus Breuers Mitteilungen (Freud, 1960). Da sie aber auch eine Freundin von Martha Freud war, ist anzunehmen, daß er durch seine Frau von ihr und ihrem Schicksal wußte.

Anna O. litt an einer Vielzahl neurotischer Symptome, die Breuer mit Hilfe der von der Patientin eingeführten und von ihr als »talking cure« bezeichneten Therapie behandelte. Unter hypnotischer Einwirkung und mittels der unzusammenhängenden Assoziationen und Erinnerungsfetzen versuchte Breuer gemeinsam mit der Patientin, vergangene traumatische Ereignisse ihres Lebens, die sie bis dahin verdrängt hatte, zu rekonstruieren. Das führte aber nur zeitweilig zu einer Symptombesserung.

Ich gehe auf die Geschichte von Anna O. deswegen ein, weil beide, Freud wie Breuer, in ihrer gemeinsamen Studie vorgaben, die Patientin zu verstehen und ihre Krankheit richtig diagnostizieren zu können, ohne diese mit ihrer gesellschaftlichen Situation als Frau in Verbindung zu bringen. Der Fehler, den Freud machte, bestand darin, daß er weibliche Eigenschaften als quasi angeboren betrachtete oder als Folge der psychischen Verarbeitung des anatomischen Geschlechtsunterschiedes. Dabei übersah er, was Unterdrückung aus Menschen machen kann, welche spezifischen Eigenarten wie Hinterhältigkeit, Verlogenheit, Raffinesse, Einsatz der sexuellen Reize, alles, was die Männerwelt heute noch als »weibliche Waffen« bezeichnet, sich, aus der Not geboren, im lebenslangen Kampf gegen die Unterdrücker entwickeln.

Das Familienleben der Pappenheims war von Doppelmoral, von Frauenverachtung und Selbstverborgenheit im Umgang der Geschlechter geprägt. Berthas hohe Intelligenz, ihre Konflikte und Probleme fanden in der Gesellschaft, in der sie aufwuchs, wenig Anerkennung und Verständnis. Die Möglichkeit, eine ihren Interessen entsprechende Betätigung zu finden, gelang ihr erst nach vielen Anläufen und gegen den massiven Widerstand ihrer Familie. Erst nach dem Tode beider Eltern konnte sie sich voll ihrem Kampf um Frauenrechte widmen und ihre Kraft gegen die Unaufrichtigkeit ihrer bürgerlichen Umgebung einsetzen.

Der Vielfalt ihrer Symptome entsprach die Vielfalt ihrer Konflikte. Sie sprach zahlreiche Sprachen, war literarisch begabt und intensiv sozial engagiert. Nach einer partiellen Heilung ihrer Symptome veröffentlichte sie zahlreiche Schriften für die Rechte der Frau. Mehrere Novellen und Märchen aus ihrer Feder sind für den Psychoanalytiker ein Zugang zum Verständnis ihrer Konflikte. Sie trug maßgeblich dazu bei, die Basis der Frauenbewegung in Deutschland zu verbreitern, und begründete ein Heim für jüdische Waisen und für »gefallene« Mädchen in Neu-Isenburg. Bis ans Ende ihres Lebens kämpfte sie gegen die Prostitution und gegen die doppelte Moral ihrer bürgerlichen Umgebung. Das Schicksal jüdischer Mädchen ohne Ausbildung, die in eine von der Familie arrangierte Heirat gedrängt wurden, erlebte sie als menschenunwürdig. Gleichwohl wurden ihre gegen soviel Widerstand eroberten Rechte als Frau, ihr produktives und aktives Leben von Freud nicht ihren Verdiensten entsprechend anerkannt. Eine seiner letzten Bemerkungen über Anna O.: »Sie hat trotz ihrer Herstellung seither in gewisser Hinsicht mit dem Leben abgeschlossen, sie ist zwar gesund und leistungsfähig geblieben, ist aber dem normalen Frauenschicksal ausgewichen.« Daß ihr lebenslanger Kampf gegen Prostitution sicherlich auch von Reaktionsbildungen mitbestimmt war, steht auf einem anderen Blatt; er wurde von Freud in seinen Aussagen über Anna O. nicht erwähnt.

Es ist bekannt, daß Freuds Einstellung zu Frauen weitgehend von der spätviktorianischen, patriarchalischen Weiblichkeitsvorstellung der Jahrhundertwende geprägt war. Nicht wenige Männer fällen bis heute ähnliche Urteile über Sinn und Zweck eines Frauenlebens. »Meine Hochachtung gehört unseren Müttern«, bekannte beispielsweise der Bundeskanzler vor einiger Zeit, »die ein Leben lang ihre Pflicht getan haben, ohne zu protestieren.«

So blieb selbst bei einem genialen Menschen wie Freud, der durch seine wissenschaftliche Erforschung der unbewußten Motive des menschlichen Handelns und Verhaltens unser Wissen revolutionierte, die Psychologie der Frau mehr oder weniger ein »dunkler Kontinent«. Auch die Beziehung der beiden Hälften der Menschheit blieb trotz Psychoanalyse von Unverständnis geprägt.

Gewiß, Frauen haben sich geändert, die sadomasochistische Herrschaftsbeziehung zwischen den Geschlechtern, wie sie über lange Zeit mehr oder weniger selbstverständlich war, wurde von vielen Frauen durchschaut und abgelehnt. Sie sind so leicht nicht mehr bereit, die ihnen bisher zugewiesene Rolle im Spiel der Geschlechter zu übernehmen.

Seit der Existenz der Pille – mit all ihren Vor- und Nachteilen –, seit die Frau bestimmen kann, ob und wann sie schwanger werden will, wurden auch die gängigen Vorurteile, was als »weiblich«, was als »männlich« anzusehen sei, zunehmend in Frage gestellt. Die »Mutterrolle« im Sinne der bedingungslosen Hingabe an Kind und Familie hat das Prestige verloren, das ihr noch bis Anfang der sechziger Jahre zugesprochen wurde, wenngleich in Teilen der Frauenbewegung erneut Gebärschmerzen und Stillwonnen idealisiert, ja, als höchste Lust deklariert werden, Mütterlichkeit »die große Wende« bringen soll und Frauen ihre Gebete an die »große Göttin« richten.

Über lange Zeit war in der Frauenbewegung viel vom Haß auf die Mutter die Rede. Die Mutter behindere die Entwicklung der Tochter zur Selbständigkeit, sie nehme ihr die freie Verfügung über die eigene Sexualität. Kurz, die Mutter war an allem schuld. Psychoanalytikerinnen der Lacan-Richtung sahen in der engen

körperlichen Beziehung zur Mutter, die durch mangelndes Inzestverbot unaufgelöst bleibe – ein Verbot, das beim Knaben
offenbar als mehr oder weniger angeboren angesehen wird –, die
Ursache für die im Vergleich zu Männern angeblich weniger ausgebildete Abstraktions- und Symbolisierungsfähigkeit von
Frauen. Dieser Art des Denkens liegt nicht nur die falsche Annahme zugrunde, daß es so etwas wie ein angeborenes Inzestverbot für Männer gibt. Wenn Freud einen Mangel in den Mittelpunkt der psychischen Entwicklung der Frau stellte, der sie
daran hindere, wie der Mann ein entsprechendes Über-Ich und
Ich zu entwickeln, ist es für Lacan und seine Schüler/innen
offenbar gerade das Fehlen eines Mangels, das ihre geistige und
intellektuelle Entwicklung behindern soll. Die Weiblichkeitstheorien einer jeden »Bewegung«, die sich um einen patriarchalischen Führer schart, bleiben im Kern weitgehend gleich. Kein
Mangel wird dann erneut zu einem Mangel, wenn es um Frauen
geht!
In der feministischen Literatur scheint die Auseinandersetzung
mit der Mutter, die als Ursache allen Übels weiblicher Fehlentwicklung angesehen wurde, ihren Höhepunkt überschritten zu
haben. Die Auseinandersetzung mit dem weiblichen Körper, der
weiblichen Sexualität, der Gebärfähigkeit und der daraus sich
möglicherweise ergebenden weiblichen »Identität« – was immer
darunter verstanden wird – ist jedoch nach wie vor bei Feministinnen der unterschiedlichsten Richtungen zu beobachten.
Dazu gehört auch die Auseinandersetzung mit männlicher Gewalt.
Der Rückzug mancher Frau in antiaufklärerische Positionen, in
denen sie sich selber mystifiziert, mythologisiert, das »ewig
Weibliche« idealisiert, sexuelle religiöse Grenzüberschreitungen
in Hingabe-Ritualen sucht, läßt sich, psychoanalytisch gesehen,
als Versuch einer Rückkehr zu frühen symbiotischen Erlebnissen mit einer als allmächtig empfundenen Mutter erklären. Der
Zweifel an Vernunft und Aufklärung schlechthin, an auf Erfahrung aufbauenden Theorien hat Teile der Frauenbewegung wie

35

manchen postmodernen neokonservativen Mann fest im Griff. Damit soll nicht daran gezweifelt werden, daß die rein rationale Aufklärung an ihre Grenzen gestoßen ist und daß die Aufklärung dringend der Aufklärung bedarf, wie auch die Psychoanalyse der Psychoanalyse.

Denn auch Psychoanalytiker verfangen sich in Ideologien, wenn sie z. B. gesellschaftliche Prozesse in ihrer Wirkung auf die psychische Entwicklung weitgehend außer acht lassen, eine biologisch ahistorische Einstellung zu den Entwicklungsphasen des Kindes beibehalten oder wenn sie einerseits Frauen als Mangelwesen ansehen, andererseits idealisierten Klischees von »Weiblichkeit« und »Mütterlichkeit« anhängen. Nach diesen Vertretern der Psychoanalyse sucht die Frau, ihrem ureigensten Bedürfnis folgend, vor allem nach einem Partner, der sie in ihrer Weiblichkeit bestätigt und ergänzt, der ihren körperlichen und seelischen Innenraum mit seiner Männlichkeit ausfüllt (was wiederum der bewußten oder unbewußten Vorstellung von einer Frau als Mangelwesen entspricht).

In der Reduktion der Frau auf ihre Biologie und ihre Gebärfähigkeit, auf die Verherrlichung ihrer Mütterlichkeit und dieser entsprechenden »Weiblichkeit« treffen sich manche Psychoanalytiker mit Feministinnen, die vergleichbaren Idealen anhängen. Wenn die gegenseitige Verschmelzung als Liebeserfüllung angesehen wird, stellt das eine Rückkehr zu frühkindlicher Abhängigkeit dar, d. h. eine Entmündigung der erwachsenen Frau. Der Kampf um die innere und äußere Emanzipation, die mit der sich entwickelnden Fähigkeit der Frau zu Selbständigkeit, zu Entscheidungsfähigkeit, zu Humor, Selbst- und Fremdkritik, zu Friedlosigkeit und Widerstand gegen eine sich selbst zerstörende Männerwelt verbunden ist, geht dann leicht erneut in der Idealisierung von masochistischer Lust und mütterlicher Opferrolle unter.

Wenn Ineinanderaufgehen zum einzig vorstellbaren Inhalt von Glück wird, ist auch Trennung etwas Schreckliches. Das altneue Ideal der »großen Liebe« als Hauptlebensinhalt der Frau mit seiner Tendenz zu Unterwerfung und Rückzug aus der Gesellschaft zerstört die mühsam errungene Selbstbefreiung. Aus- und Ertragen von Konflikten, angstfreier Umgang mit Aggressionen, Kampf gegen eine Gesellschaftsordnung, die sich der endgültigen Selbstzerstörung nähert, weicht mancherorts dem Bedürfnis, weiblich-mystische Urweisheiten und Wesensformen zu entdecken, die auf magische Weise die Welt verändern sollen. Nicht mehr am deutsch-germanisch-arischen Wesen, sondern am »weiblichen« Wesen soll dann die Welt genesen.

Freud sah die Schwierigkeiten in der Beziehung der Geschlechter zueinander als eine Folge unverstandener Wünsche, deren Erfüllung Mann und Frau vom jeweils anderen erwarten. Eine Partnerschaft zwischen den Geschlechtern ließe sich deswegen so schwer herstellen, weil beider Wünsche und Bedürfnisse aneinander vorbeigehen. Freud:

»Aber die Phase der zärtlichen präödipalen Bindung ist die für die Zukunft des Weibes entscheidende; in ihr bereitet sich die Erwerbung jener Eigenschaften vor, mit denen sie später ihrer Rolle in der Sexualfunktion genügen und ihre unschätzbaren sozialen Leistungen bestreiten wird. In dieser Identifizierung gewinnt sie auch die Anziehung für den Mann, die dessen ödipale Mutterbindung zur Verliebtheit entfacht. Nur daß dann so häufig erst der Sohn das erhält, um was er für sich geworben hatte. Man hat den Eindruck, die Liebe des Mannes und die der Frau sind um eine psychologische Phasendifferenz auseinander« (Freud, GW XV, S. 143 f.).

Mag man auch mit der Phasentheorie Freuds als einer von Gesellschaft und Erziehung weitgehend unabhängigen Entwicklungstheorie nicht einverstanden sein, so ist es doch eine Erfahrungssache, daß Männer häufig an ihre Frauen Wünsche richten, die mehr einem Kind als denjenigen eines erwachsenen Mannes entsprechen. Rivalitäten zwischen den Ehepartnern entstehen, wenn Frauen ihre Muttergefühle dem Kind zuwenden, das diese Gefühle und Verhaltensweisen scinem Alter entsprechend

37

braucht. Vom Mann erwartet die Frau vernünftigerweise, daß er nicht ihr Kind, sondern ihr Partner ist. In einer solchen Situation gehen beide oft leer aus. Einerseits wehrt sich der Mann gegen seine kindlichen Abhängigkeitswünsche der Frau gegenüber, da sie mit den eigenen, ihm anerzogenen, wie den gesellschaftlichen Vorstellungen von »Männlichkeit« nicht übereinstimmen, andererseits fühlt er sich zutiefst enttäuscht. Geht aber eine Frau auf solche kindlichen Wünsche ihres Mannes ein, um dann vielleicht lebenslang zu einer Art ödipaler Mutter zu werden, erlebt sie, wenn sie älter wird, meist typische Enttäuschungen (s. a. Sigrid Günzel, 1989).

Ein Beispiel: Ein älteres, seit vielen Jahren verheiratetes Ehepaar befindet sich in einer schweren Ehekrise. Die Frau hatte die Rolle der Bestimmenden und Versorgenden in der Familie übernommen. Ein Stück Verachtung dem Mann gegenüber ist bei ihr unübersehbar, aber die eigene Abhängigkeit von diesem »Kind-Mann« wird ihr erst voll bewußt, als dieser sie verlassen will. Er verliebt sich in eine andere Frau, die ihm so entzückend erscheint wie seine Mutter in seiner ödipalen Phase. Seine Frau, älter geworden, erinnert ihn nicht mehr an die präödipale und ödipale Mutter, die seine kindlich-sexuellen Wünsche erfüllen sollte. Heute erlebt er sie nur als Frau, die ihn sein eigenes Leben nicht leben lassen will. Er verzeiht ihr seine lebenslange Abhängigkeit von ihr im Grunde nicht, ohne zu erkennen, daß er sich von ihr erst lösen konnte, als sie in seinen Augen eine Matrone wurde, die nicht mehr an die begehrenswerte Mutter der Kindheit erinnert. Seine sexuellen Gefühle ihr gegenüber sterben ab. Triebverzicht ist für ihn, wie für viele seines Geschlechts, ein Fremdwort. Jetzt soll eine jüngere Frau seine kindlichen und sexuellen Wünsche erfüllen. Auch zu ihr ist er schon in erhebliche Abhängigkeit geraten; auch sie beginnt, ihm deswegen ihre Verachtung zu zeigen. Dem berühmten Beispiel unserer Tage, Papandreou, wird es gewiß nicht anders ergehen.

In ihrem Buch »Das Arrangement der Geschlechter« hat Dorothy Dinnerstein (1979) die unheilvolle Verflochtenheit der Geschlechter von ihrem Ursprung, dem Rollenstereotyp Mutter-Kind an bis zu dessen fataler Konsequenz beeindruckend geschildert. Sich diesem Arrangement zu entziehen, fällt beiden Geschlechtern schwer. Daß er oder sie andere Bedürfnisse, Phantasien, Anschauungen hat, die sich von den eigenen unterscheiden, weiß aber die Frau meist eher als der Mann, nur unterdrückt sie dieses Wissen – zu ihrem wie auch zu seinem Schaden. Zu Freuds Äußerung, die Frau sei eine »Feindin der Kultur«, bemerkt Dinnerstein:

»Sie mildert inneren Druck, der anderenfalls das Gesellschaftssystem erschüttern könnte. Sie ist keine Feindin der Kultur: sie ist ihr Hofnarr, ohne dessen Späße der Hof zusammenbrechen würde... Wenn sie zu weit geht, läßt der Mann es sie wissen und – ebenso wie der Narr – gibt sie klein bei, denn sie ist kein echter Feind, sondern ein stubenreines Haustier, das sich gern von der Macht beherrschen läßt, über die es sich lustig macht« (Dinnerstein, ebd., S. 282).

Nicht nur von der Gesellschaft, auch von der Psychoanalyse wurde Frauen nahegebracht, daß offen ausgetragene Aggressionen, berufliche und politische Aktivität unweiblich seien, gesellschaftliche Macht oder Einfluß von Frauen deswegen nicht anzustreben sei. Aus Angst vor ihren Aggressionen, ihren Schuldgefühlen, vor allem aus Angst davor, unweiblich zu erscheinen, fällt es Frauen nach wie vor schwer, mit Macht oder besser: mit beruflichem oder politisch-gesellschaftlichem Einfluß umzugehen. Solche Frauen müssen zudem immer damit rechnen, nicht nur von Männern, sondern auch von Frauen abgelehnt zu werden. Das Arrangement und die Spiele der Geschlechter bloßzulegen, sie zu blockieren, bedeutet für die Frau als Individuum meist Ausschluß aus der Gesellschaft.

Innerhalb der Frauenbewegung gibt es erfreulicherweise »Kriege«. Zahlreiche Differenzen fechten die Frauen untereinander aus. Das kann man nur begrüßen, denn »billige« Harmonie führt zur Wiederholung alter Identitätszwänge; ohne Austragen von Konflikten ändert sich nichts. Die Frauenbewegung, sofern

39

sie sich weiterhin nicht zähmen läßt, gehört zu den heute wichtigsten gesellschaftlichen und politischen Prozessen und kann zu einer dringend notwendigen Streitkultur beitragen.

Nachdem die Studentenbewegung der sechziger Jahre in sich zusammengefallen war und sich die Männer dieser Generation der herrschenden Gesellschaftsstruktur wieder weitgehend angepaßt hatten, sind es vor allem Frauen, die für ihre Rechte und für neue gesellschaftliche und politische Strukturen kämpfen. Immer mehr Frauen entschließen sich, ihre Fähigkeiten und Einsichten so weit wie möglich zu nutzen. Das eigene Verhalten wie das der Männer wird immer kritischer beobachtet. Frauen lernen, mit ihren Aggressionen bewußter umzugehen, Schuldgefühle besser zu ertragen und sie auf ihre Berechtigung zu prüfen. Denn mit Hilfe von falschen Schuldgefühlen ließen sich bisher vor allem Frauen erfolgreich manipulieren. Die Konflikte mit nahestehenden Menschen, vor allem mit dem Partner und in der Familie, sind bei dieser weniger friedfertigen und weniger angepaßten Art der Auseinandersetzung unvermeidbar geworden, können aber letztlich die Beziehung der Geschlechter durch mehr Aufrichtigkeit verbessern.

Seit Frauen erkannt haben, daß sie mit ihrer »Friedfertigkeit« nicht nur sich selber schaden, sondern einen gesellschaftlichen Zustand zementieren, in dem »männliche Tugenden« wie Gehorsam und Unterwerfung einerseits, Härte und Machtausübung andererseits zu Sündenbocksuche, Rüstungswahn und rigidem Fortschrittsdenken führen und Mensch und Natur zerstören, kämpfen sie um weit mehr als nur um ihre politische und berufliche Gleichberechtigung.

Es ist schon einige Zeit her, daß ein bekannter Fernsehjournalist nur Frauen zur politischen Aussprache geladen hatte. Soviel ich weiß, war das einmalig in der Geschichte dieser Sendereihe. Er wollte mit seinen Gästen die Frage klären, ob die Teilnahme an der militärischen Streitmacht des jeweiligen Landes die Emanzipation der Frau fördere oder nicht. Fünf Journalistinnen, aus Polen, aus Tansania, aus Israel, aus der Schweiz und aus Deutschland, nahmen daran teil. Die Polin wollte die Vergangenheit nicht verdrängen und begann ihre Aussagen damit, daß in der Zeit des Widerstandes gegen Hitler-Deutschland Frauen sich verpflichtet gefühlt hätten, gemeinsam mit Männern gegen die Nazi-Barbarei zu kämpfen, und deswegen mit Überzeugung zu den Waffen gegriffen hätten. Doch waren sich alle Frauen darüber einig, daß Teilnahme an Militär- und Waffengewalt, wenn auch in bestimmten Situationen notwendig, wenig mit Emanzipation der Frau zu tun habe, weit eher im Gegensatz zu deren Zielen stünde.

Die fünf Frauen, die aus Ländern mit denkbar unterschiedlichen politischen Richtungen und Kulturen stammten, stimmten in verblüffender Weise überein, als es um ihre Erlebnisse als Frauen und ihre Kritik an der männlichen »Wertewelt« ging. Das wäre unter Männern von solchen Unterschieden der ideologischen und kulturellen Herkunft kaum möglich gewesen. Sogar die Israelin, die einen Offiziersrang innehatte, gab zu, daß Dienst in einer militärischen Streitmacht, so notwendig er unter bestimmten historischen Konstellationen sein möge, nicht zur Gleichberechtigung der Frau und nicht zu ihrer Emanzipation beitrüge.

Die Journalistin aus Tansania wußte, wie alle an der Diskussion teilnehmenden Frauen, daß sie als Frau, trotz aller Leistungen, niemals eine ihren Fähigkeiten entsprechende Stellung erreichen werde. In allen bestehenden Gesellschaften gibt es bis heute die Gleichberechtigung der Frau bestenfalls auf dem Papier oder überhaupt nicht. Die Journalistin aus Tansania hatte bei einer politischen Wahl die Mehrheit der Stimmen erreicht und wurde dennoch nur zur Vizepräsidentin ernannt, obwohl der Präsident – ein Mann – weit weniger Stimmen als sie bekommen hatte.

Als ich vor einigen Jahren in China war, eingeladen von den Frauenverbänden verschiedener Städte Chinas, wurden wir – einige Vertreterinnen der autonomen deutschen Frauenbewegung – in allen Orten von »Vizepräsidentinnen« empfangen. Nur in Peking gelang es uns, von einer »Präsidentin« empfangen zu werden, die über viele Jahre an einer Universität in Amerika gelehrt hatte. Sie war siebzig Jahre alt und erklärte offen, daß es Frauen in China kaum je gelänge, die erste Stelle zu erreichen, auch dann nicht, wenn es um Frauenfragen ginge. Chinas Frauen haben ohne Zweifel viel erreicht, verglichen mit ihrer grenzenlosen Ausbeutung in der Vergangenheit, aber Solidarität untereinander fällt ihnen bis heute schwer oder wird ihnen schwergemacht, wenn es darum geht, gegen den Mann um ihre Rechte zu kämpfen.

Um wieder zum »Fernsehereignis« zurückzukehren: Es war nicht ohne Komik zu sehen, mit welcher Naivität der Gastgeber die intellektuelle Situation der Frauen, ihr kritisches Denken und ihre Wertvorstellungen einschätzte. Er fragte die Schweizer Journalistin, wie sie dazu stehe, wenn eine Frau mit »weiblichen Waffen« kämpfe, um eine Position zu erringen, mit Waffen, die jeder Mann gut kenne und denen er gern unterliege. Solche dem Mann eher sympathischen Waffen müßten doch wohl in dem Augenblick aufgegeben werden, in dem eine Frau ihr Ziel, die berufliche Macht, tatsächlich erreicht hätte, denn dann müsse sie ja mit »männlichen Waffen« kämpfen. Sie, die eine Position innehabe, möchte er deswegen gern einmal fragen, mit welchen Waffen sie um ihre Karriere gekämpft hätte und welche sie heute benutze.

Die Schweizer Journalistin antwortete sehr liebenswürdig, daß sie einerseits hoffe, nicht mit Hilfe von »weiblichen Waffen« ihre Stellung erreicht zu haben, sondern aufgrund ihrer Fähigkeiten, daß sie andererseits nicht die geringste Lust hätte, mit Hilfe von »männlichen Waffen« ihre Stellung zu behaupten. Ihr ginge es vor allem darum, gerade diese »männlichen Waffen« und die »weiblichen Waffen« sowie die ihnen entsprechende Mentalität zu bekämpfen, um zu einer Gesellschaft beizutragen, die solche Methoden nicht mehr als »Werte« schätzen würde.

Alle anwesenden Journalistinnen stimmten mit ihrer Schweizer Kollegin überein. Die Ablehnung der männlichen »Wertewelt«, die festlege, was »weiblich«, was »männlich« sei, war allen

Frauen gemeinsam. Die provinzielle Ahnungslosigkeit mancher »führender« Männer, was den Bewußtseinsstand der kritischen Frauen von heute betrifft, verblüfft immer wieder.

Von gesellschaftlichen »Werten« ist natürlich auch die Art der Erziehung beider Geschlechter abhängig. Dem Mann werden nach wie vor von der Kultur mehr Aggressionen zugestanden, ja geradezu abgefordert als der Frau. Das macht sich bereits in der Kindheit im unterschiedlichen Umgang der Eltern mit Knaben und Mädchen bemerkbar. Mit anderen Worten, die unglückseligen Verbindungen von Verfolgungswahn und Gewalt, die wir bis heute überall in der Welt beobachten, sind dem Mann durch seine »Erziehung« weit mehr auf den Leib geschrieben als der Frau.

Diese traurige und gefährliche gesellschaftliche Situation wird Frauen zunehmend bewußt. Immer mehr zweifeln an der »Wertewelt« der Männer, wie sie auch ihrem allzu großen Liebesbedürfnis und der damit verbundenen Neigung zu Schuldgefühlen distanzierter und kritischer gegenüberstehen.

Bis heute halten es die meisten Menschen für pervers, wenn Frauen sich an revolutionären Auseinandersetzungen beteiligen. Man war allgemein fassungslos darüber, daß sich die »Rote-Armee-Fraktion« aus mindestens so vielen Frauen wie Männern zusammensetzte. Noch mehr als ihren männlichen Gesinnungsgenossen warf man den Frauen abartiges Verhalten und Unmenschlichkeit vor. Die Terroristinnen fielen aus dem Rahmen eines bisher vorhersagbaren weiblichen Verhaltens völlig heraus, als sie mit den für Männer üblichen »Waffen« gesellschaftliche Probleme zu lösen versuchten. Diesem »Fehlverhalten« konnten die meisten Zeitgenossen offenbar nur mit Haß und Abwehr begegnen, ohne zu erkennen, daß hier mit Destruktivität und Sündenbocksuche gegen die gleichen latenten oder manifesten Grundzüge in der männlichen Gesellschaft gekämpft wurde. Die Identifikation mit dem Aggressor, mit dessen gewaltsamen Verhaltensweisen und dessen falschen Problemlösungsversuchen war offensichtlich.

Eine kleine Minderheit zog bis heute die hysterische Wut großer Teile der deutschen Bevölkerung auf sich. Die Justiz griff zu rigorosen Strafmaßnahmen. Endlich hatte man es mit Tätern zu tun, gegenüber denen man sich als Opfer fühlte, und nicht, wie bei den Prozessen um die Opfer des Nationalsozialismus, selbst als Schuldige, ein Grund, warum auch die Täter, mochten sie auch Massenmörder sein, mit milden Urteilen rechnen konnten. Ich werde darauf später ausführlicher eingehen.

Vor einiger Zeit wurde ich gefragt, warum vor allem Frauen Angst vor Macht haben. Ob es damit zusammenhinge, daß Frauen größere Angst vor dem Verlust an Zuwendung ihrer Mitmenschen hätten als vor Unterdrückung. In der Frage war die Antwort bereits enthalten: Wer als Frau Macht hat, muß mit Liebesverlust rechnen. Denn nach wie vor ist eine solche Frau nicht nur dem Haß der Männer ausgesetzt, sondern auch dem ihrer Geschlechtsgenossinnen, die sich machtlos und in ihrer Anpassung an die ihnen zugewiesene »Frauenrolle« verunsichert fühlen.

Wer sich als Frau entschließt, seine Fähigkeiten offen und öffentlich zu nutzen, selbständig Entscheidungen zu fällen, für Verhaltensänderungen bei sich und anderen zu kämpfen, muß seine Angst vor Liebesverlust einigermaßen in den Griff bekommen und seine unterwürfige, sich anpassende oder allzu leidensbereite Unschulds- und Vorwurfshaltung aufgeben. Ohne kritisches und selbstkritisches Aufbegehren der Frau, ohne Änderung des Umgangs mit »weiblichen« und »männlichen« Waffen und Rollen wird sich in dieser Gesellschaft wenig ändern.

Ein Blick auf die frühkindliche Entwicklung zeigt, daß sich beide Geschlechter mit der in ihrer frühen Kindheit für sie als allmächtig erlebten Mutter identifizieren, von deren Zuwendung sie vor allem dann völlig abhängig sind, wenn die frühe Versorgung ihr allein obliegt und der Vater daran wenig oder keinen Anteil nimmt.

Die langsam fortschreitende Verinnerlichung der versorgenden und Sicherheit spendenden »mütterlichen« Funktionen, die der Vater mit der Mutter teilen könnte und sollte, ist notwendig, um Angst, totale Abhängigkeit und damit einhergehenden hilflosen Haß des Kindes zu mildern. Wenn diese Verinnerlichungen beim Knaben nicht durch das frühe Einsetzen einer spezifisch männlichen Erziehung gestört werden, sind sie die Grundlage dafür, daß er sich später seinen eigenen Kindern gegenüber »väterlich« verhalten kann.

Aber bis heute verlangt unsere Kultur, daß der Knabe zu »Männlichkeit« erzogen wird, d. h. zu Härte, Selbstbehauptung und Gefühlsunterdrückung. Wenn er sich gegen die ihm aufgezwungene »Männlichkeit« wehrt und bei der Mutter Verständnis erwartet, wird er enttäuscht, da auch sie sich nur allzuoft mit der männlichen »Wertewelt« identifiziert hat. Sein Bedürfnis nach einer weniger durch »Rollen« eingeschränkten Entwicklung bleibt unerfüllt, der Kontakt mit seinem Gefühlsleben wird unterbrochen. Er entwickelt notgedrungen ein »falsches Selbst«, mit dem er sich dem gesellschaftstypischen Verhalten des durchschnittlichen Mannes unserer Kultur anpaßt. Das bringt natürlich auch Vorteile mit sich: Dem Knaben ist es innerhalb der Familie häufiger erlaubt als dem Mädchen, egozentrischen Bedürfnissen nachzugehen. Er braucht sich weniger in die Empfindungen der anderen Familienmitglieder einzufühlen, wird – auch heute noch – selten zur Hilfe im Haushalt angehalten.

Wenn Mann und Frau sich an der Versorgung des Kindes einigermaßen gleichmäßig beteiligen und beide Geschlechter nicht mit Vorurteilen über das, was als »weiblich« und »männlich« gilt, erzogen würden, könnte die Selbstentfremdung des Mannes, könnten die »weiblichen Waffen« der Unterdrückten und die gestörte Geschlechterbeziehung aufgehoben werden. Die Mutter würde auch die absolute Macht verlieren, die sie natürlich nur in den Augen des Kindes besitzt und die soviel Haß und Enttäuschung hervorruft, aber gleichzeitig zu ihrer Verherrlichung beiträgt. Die Folge ist, daß sie lebenslänglich sowohl beneidet und nachgeahmt wie verachtet und bekämpft werden muß, als Abwehr gegen eine kindliche, im Unbewußten haftengebliebene Angst vor Hilflosigkeit und Abhängigkeit. Die verstehende Anteilnahme beider Eltern an der frühen Betreuung ihres Kindes würde die Macht der Mutter wie später die des Vaters im Gefühlsleben der Kinder halbieren – ein Unterschied ums Ganze sozusagen – und stellt deswegen eine wichtige und grundlegende Möglichkeit zur Verhinderung folgenschwerer neurotischer Fehlentwicklungen und trostlos sich wiederholender Geschlechterspiele dar.

4. Frauen als Opfer krimineller Gewalt

Bei der Wahl des Titels zu diesem Kapitel hatte ich zweierlei Opfer im Sinn, mit denen ich mich im Laufe meines Lebens viel beschäftigt habe: Frauen und nicht nur Frauen, die eine *physische* Vergewaltigung erlebt haben, und die Opfer des Nationalsozialismus.

Zu Zeiten Hitlers verabscheuten wir die Verfolgten und Erniedrigten und vergötterten die Verfolger, wobei »wir« eine gewiß problematische, aber angesichts der Woge des Hasses und der Verleumdung eine hier ganz bewußt gewählte Verallgemeinerung ist: »wir Deutsche«. Daß Minderheiten als Blitzableiter benutzt werden, daß dem Haß auf sie irrationale Motive zugrunde liegen, ist bekannt. Rationale Aufklärung ist hier machtlos, denn der Haß auf die Minorität dient dem eigenen Selbstgefühl und der Möglichkeit, eigene destruktive Aggressionen auf sozial Schwache zu projizieren, Aggressionen, die ursprünglich angsterregenden Autoritäten gelten (z. B. dem Vater) oder Menschen (z. B. der Mutter), von denen man sehr abhängig ist.

Nicht selten gewinnen wir also den Eindruck, daß wir Täter lieben, wenn eine Identifikation mit ihnen unser Selbstwertgefühl erhöht und unsere Ängste mindert, und Opfer hassen, die uns an unsere eigenen Schwächen und Hilflosigkeiten erinnern oder Schuldgefühle in uns erwecken. Untergründig versuchen wir deswegen, Opfern die Schuld an ihrem Opfersein zuzuschieben oder die Existenz der Opfer möglichst zu verdrängen. Das ge-

47

lingt ohne große Schwierigkeiten, wenn es sich dabei um eine kollektive Abwehr von Schuld und Scham handelt.

Was den Nationalsozialismus betrifft, verbanden sich bei ihm männlich-rassistischer Größenwahn, entsprechende trostlose Ideale von nationalem Heldentum, männlicher Härte, »Reinheit« des Blutes, des »Heiligen Vaterlandes« mit ungehemmter Brutalität und Opportunismus auf schreckliche Weise.

Den unbewußten Motiven solcher und anderer menschlicher Handlungen, Denk- und Verhaltensweisen auf den Grund zu kommen, war das vorherrschende Ziel der Psychoanalyse. Freud hat kollektive Vorgänge, wie sie uns aus der Nazizeit bekannt sind, bereits in »Massenpsychologie und Ich-Analyse« beschrieben: »Das Gewissen findet keine Anwendung auf alles, was zugunsten des idealisierten Objekts geschieht; in der Liebesverblendung wird man reuelos zum Verbrecher« (1921, S. 125).

Kollektive Vorgänge lassen sich aber nicht bruchlos mit individuellen, z. B. sado-masochistischen Beziehungen gleichsetzen. Der Titel einer Novelle von Franz Werfel lautet: »Nicht der Mörder, der Ermordete ist schuldig«. Dabei handelte es sich um einen Vatermörder. Auch ich erinnere mich an den Fall eines Vatermörders, den ich zu begutachten hatte und bei dem ich im Laufe der Untersuchung zu dem gleichen Schluß kam. Der brutale Umgang des trunksüchtigen Vaters mit der geliebten Mutter des Angeklagten, schließlich dessen Mißhandlung eines wehrlosen Hundes, mit dem sich der Angeklagte identifizierte, löste die Tat aus. Man könnte sagen, dieser junge Mörder wurde ein Opfer seiner tiefen Bedürfnisse, die geliebten mitmenschlichen und tierischen Objekte zu schützen. Gleichzeitig war seine Tat Ausdruck seines Hasses auf den Vater und Ausdruck seines Hasses auf sich selber, der sich dem Vater so lange unterworfen hatte. Er, der Sohn, war über viele Jahre Opfer gewesen, nun wurde er zum Täter, der sich als solcher selber zerstörte. Denn natürlich war ihm klar, daß er mit dem Mord am Vater das eigene Leben vernichtete.

Täter und Opfer zugleich zu sein, ist vielfach zum Inhalt von Tragödien geworden. »König Ödipus«, das Meisterwerk von Sophokles, kann wohl als historisch älteste uns übermittelte Version dieses Urmythos eines schicksalhaften Konflikts angesehen werden, für dessen Ausgang man gleichwohl verantwortlich ist. Auf die zentrale Rolle, die der Ödipuskonflikt in der Psychoanalyse spielt, gehe ich in diesem Band wiederholt ein.

Kann es also wahr sein, daß der Ermordete und nicht der Mörder der Schuldige ist? Oder beide, Täter und Opfer, schicksalhaft miteinander verstrickt sind? Was unsere jüngere Vergangenheit betrifft, hätten wir das natürlich nur allzu gern, aber im Falle dieses Vatermörders ist damit etwas Wahres getroffen. Andererseits war natürlich nicht nur der Sohn ein Opfer seines Vaters, sondern auch der Vater ein Opfer seines eigenen sadistischen Verhaltens. Er wird ja nicht aus Zufall ein trunksüchtiger und gewalttätiger Mann geworden sein; es ist anzunehmen, daß sich hinter dieser Entwicklung traumatische Erlebnisse aus Kindheit, Jugend und Erwachsenenalter verbargen. Aber alles verstehen kann nicht heißen, alles zu verzeihen oder für nichts letztlich die Verantwortung zu tragen.

Ein typisch ineinander verstricktes sadomasochistisches Verhältnis schildert Beckett in seinem Stück »Warten auf Godot«. Der Herr Pozzo, der seinen Knecht Lucky mißhandelt, klagt, daß sein Knecht ihn zu seinem Verhalten zwinge, der Knecht deswegen der wahrhaft Schuldige an dem Unglück seiner stereotypen gewalttätigen Reaktionen sei. Das mag für manche individuelle sadomasochistische Verhältnisse zutreffen. Psychologen jedenfalls erkennen oft die Berechtigung solcher Klagen an, aber natürlich dienen diese auch stets der Selbstrechtfertigung. Auf die jahrhundertealten Herr-Knecht-Verhältnisse in einer hierarchisch gegliederten Gesellschaft lassen sich solche psychologischen Analysen des Individuums jedenfalls so leicht nicht übertragen.

Kommen wir zu den Frauen, von denen seit jeher behauptet wird, daß sie nur scheinbar die Unterdrückten, faktisch aber die Beherrschenden seien. Haß-, Angst- und Schuldgefühle der Männer als Ausdruck ihrer Hilflosigkeit würden sich hinter ihrer Frauenverachtung und Frauenunterdrückung verbergen.

Wie dem auch sei, es bleibt unübersehbar: Männer-Phantasien werden seit jeher auf Frauen projiziert, um diese dann über Jahrhunderte reuelos als Hexen verfolgen, foltern und vernichten zu können. Auch heute noch tragen Psychologen mit ihren Theorien dazu bei, Frauen nicht als Opfer, sondern mehr oder weniger als Anstifterinnen anzusehen, wenn sie männlicher Gewalt ausgesetzt sind. Vergewaltigung sei immer die Folge einer Provokation, so heißt es dann. Alle Frauen seien außerdem von Natur aus masochistisch und würden Leiden und Unterdrückung genießen. Diese Eigenschaften seien zwar in vielem begrüßenswert, wenn auch, wie so manche anderen typisch weiblichen Verhaltensweisen, ein weiterer Grund dafür, Frauen zu verachten.

Die Tatsache, daß sich bei Frauen sexuell stimulierende Vergewaltigungs- und Erniedrigungsphantasien häufiger beobachten lassen als bei Männern, führte bei Psychologen und Psychoanalytikern zu dem Fehlschluß, daß Frauen nach einer Realisierung dieser Phantasien trachteten. Genauere Beobachtungen und Analysen solcher Phantasien lassen jedoch unschwer erkennen, daß es sich dabei um qualitativ unterschiedliche Vorgänge handelt, denn die real erlebten Vergewaltigungen werden so gut wie nie als lustvoll empfunden. Sie gehen häufig mit bleibenden psychischen Schäden einher. Phantasierte und real erlebte Vergewaltigungen lassen sich nicht gleichsetzen. Phantasien über sexuelle Vergewaltigungen sind weder so brutal noch so einfühlungslos wie wirkliche Vergewaltigungen. Im Gegensatz zur tatsächlichen Gewalt machen Phantasien nicht hilflos, im Gegenteil, wer phantasiert, ist kein Opfer, er ist Schöpfer und Beherrscher der Situation, die er phantasiert.

Solche Phantasien dienen deswegen nicht selten dem Ziel, passiv erlittene Unterdrückung in vom eigenen Ich kontrollierbare Situationen zu verwandeln und damit aus Unlust Lust zu machen. Der Knecht in »Warten auf Godot« versucht sein Schicksal zu meistern, indem er die Rolle des sich Unterwerfenden in eigener Regie spielt; er beherrscht die Herr-Knecht-Situation insofern, als er durch eigene Verhaltensstereotypien die sadistischen Reaktionen seines Herrn auslösen kann. Beide, Herr wie Knecht, können aber in Wahrheit dem Gefängnis ihres Handelns und ihres Verhaltens nicht entfliehen...

Eine ähnliche Situation mag es auch zwischen Mann und Frau geben, die jahrelang nach den ihnen vorgeschriebenen Rollen funktionieren. Dann kann eine Beziehung entstehen, in der die Frau lernt, den sie beherrschenden Mann auf ihre Weise von sich abhängig zu machen, um so Unterdrückung und Erniedrigung auf masochistische Weise zu kontrollieren. Vergewaltigungsphantasien wie masochistisches Verhalten im erweiterten Sinn können also dem meist unbewußten Ziel dienen, passiv erlittene Unterdrückung und Gewalt in kontrollierbare Situationen zu verwandeln und damit Unlust zumindest ein Stück weit in Lust und Ohnmacht ein Stück weit in Macht zu verwandeln.

Die Tatsache, daß bei Frauen masochistische Phantasien häufiger auftreten als bei Männern, dürfte aber auch auf ihre jahrhundertealte soziale und familiäre Unterdrückung zurückzuführen sein. Es gab für sie nur sehr begrenzte Auswege und Methoden, um eine hilflose und erniedrigende Situation einigermaßen in den Griff zu bekommen. Bewußt oder unbewußt identifizieren sich auch heute noch manche Frauen mit dem Rollenbild von der schwachen und abhängigen Frau, die im Mann den Mächtigen sieht, der Lebenshilfe bietet und Lebensziel ist, um dann durch Einfluß auf diesen Mann, den sie von sich und ihrer dienenden, opfernden Haltung abhängig werden läßt, an dessen Macht teilzuhaben und ihn zu kontrollieren (s. a. M. Mitscherlich, 1985).

Das alles trifft aber nur dann und auch nur gelegentlich zu, wenn es sich um eine länger dauernde, tiefergehende Beziehung zwischen Mann und Frau handelt, nicht aber, wenn in einer beziehungslosen, angsterregenden Situation Frauen männlicher Gewalt und Willkür ausgesetzt sind. Typische Konstellationen langdauernder Beziehungen lassen sich also mit der psychischen Situation einer vergewaltigten Frau in keiner Weise vergleichen.

Brutale Gewalt verursacht Traumen, die so leicht nicht zu heilen sind und die das Leben der Opfer beider Geschlechter so tiefgehend zerstören können, daß das notwendige Stück Welt- und Urvertrauen in die Achtung des anderen vor dem eigenen Leib und Leben zusammenbricht, wie in die Fähigkeit, sich selbst verteidigen zu können, ohne die ein Mensch nicht leben kann. Jean Amery hat einen solchen Vertrauenszusammenbruch in seinem Buch »Jenseits von Schuld und Sühne« (1977) über sein Erlebnis der Folter geschildert; letztlich hat er das Gefühl des Zerstörtseins durch Auschwitz und die Folter nicht überwinden können, so daß er sich viele Jahre danach das Leben nahm.

Lassen Sie mich noch kurz die verschiedenen Bedeutungen wiederholen, die sich mit dem Begriff Masochismus, also mit der Lust am Leiden, der Lust am Opfersein in den verschiedenen Disziplinen verbinden. Masochismus wurde in der Psychiatrie zunächst als Perversion verstanden, bei der die sexuelle Befriedigung an Schmerz und Demütigung gebunden ist. Freud unterschied zwischen dem moralischen, dem erogenen und dem femininen Masochismus. Der moralische Masochist leidet unter bewußten Schuldgefühlen und hat ein ihnen entsprechendes unbewußtes Bedürfnis nach Bestrafung. Er begibt sich zwanghaft in Situationen, die ihm zum Nachteil geraten oder in denen er zum Opfer wird. Sein Verhalten ist nicht mit sexueller Erregung verbunden. Im erogenen Masochismus dagegen ist sexuelle Lust mit körperlichem Schmerz verbunden. Diese Form des Masochismus stellt im allgemeinen eine Perversion des sexuellen Erlebens dar, obwohl eine solche Verknüpfung von Sexualität und Schmerz von manchen Psychoanalytikern für Frauen als »normal« angesehen wird. So vertritt Helene Deutsch (1930) die Überzeugung, daß der Gebärschmerz gleichzeitig die höchste sexuelle Lust für die Frau darstelle. Das heißt, was beim Mann als pervers angesehen wird, ist bei der Frau normal. Ist man da als Mann nicht voll berechtigt, Frauen als quasi angeboren pervers zu verachten? Der feminine Masochismus gilt als Ausdruck des femininen Wesens. Wer an ihm leidet, versetzt sich in seinen Phantasien in eine für die »Weiblichkeit charakteristische Situation«. Damit ist im allgemeinen die passive Haltung eines Menschen gemeint, der besondere Freude an der Unterwerfung und Aufopferung erlebt. Diese Lust am Leiden hat nicht selten eine sexuelle Note. Der Unterschied zwischen erogenem und weiblichem Masochismus ist in der psychoanalytischen Theorie eher ungeklärt, denn auch Freud vertrat die Ansicht, daß nur der für die Frau typische masochistische Leidensdruck sie dazu befähige, den Geschlechtsverkehr zu genießen. Freud übersah, daß es der »ehrbaren« Frau nicht erlaubt ist, ihr Begehren aktiv zu äußern, und sie deswegen über die Jahrhunderte ihre Sexualität nicht anders als passiv, d. h. mehr oder weniger masochistisch zu erleben vermochte. Das Tragische ist, so Elfriede Jelinek, »daß die Frau in dem Augenblick, wo sie aktiv ein Objekt für ihre Begierde sucht, damit das Begehren des Mannes am sichersten auslöscht« (1989). So blieb die weibliche Sexualität, insbesondere für die Frau selber, bis heute weitgehend ein »dunkler Kontinent«.

Die Frau als Opfer, als Sich-Aufopfernde in Familie und Sexualität, gehört also seit langem zum Bild der Frau und wurde von der Gesellschaft als normal zu erwartendes Verhalten der Frau angesehen. Frauen sollen einerseits in ihrem Mann aufgehen, sich zurückstellen, ihn als den gesellschaftlich, familiär und sexuell Bestimmenden, als den großen potenten Helden oder beruflich Erfolgreichen bewundern, andererseits ihm für ewig den mütterlichen Schutz in der Familie garantieren. Dieses Frauenbild (und damit verbindet sich natürlich ein entsprechendes Männerbild) wird erst seit relativ kurzer Zeit ernsthaft in Frage gestellt und damit einer Wertekritik unterzogen, die zunehmend nicht nur von aufgeklärten und nachdenklichen Frauen ausgeht, sondern große Teile unserer Gesellschaft erfaßt hat.

Zurück zu dem Thema des gesellschaftlichen Umgangs mit Opfern. Für den irrationalen und einfühlungslosen Umgang der Gesellschaft mit Opfern, ob Mann, Frau oder Kind, lassen sich genügend Beweise finden. Opfer sind nun einmal peinlich, sie erinnern an eigene Destruktivität und eigene Schuld, oder sie erinnern an eigene Schwächen und Niederlagen. Insofern ist es psychologisch verständlich, daß oft rationalisierend mit Opfern umgegangen wird, diesen selbst die Schuld für ihr Opfersein zugeschoben oder das eigene Leiden zur Aufrechnung mit dem, was man den Opfern angetan hat, benutzt oder überhaupt verdrängt wird, daß es Opfer gibt und gegeben hat.

Handelt es sich bei den Opfern, von denen ich bisher sprach, um Opfer von Kriminalität oder um Opfer einer für bestimmte Gesellschaften typischen und von Projektionen bestimmten Haltung? Wenn ein ganzes Volk kriminell wird, wie das mehr oder weniger im Dritten Reich der Fall war, gibt es Millionen Opfer von Kriminalität, ohne daß die Täter als Kriminelle angesehen und bestraft werden. Denn die Kriminalität der Nazi-Zeit war einerseits auf der Grundlage von bürgerlich-konservativen Vorurteilen, schrecklichen Idealen und »Tugenden« aufgebaut, andererseits war sie durch Führerbefehle und neu erlassene Gesetze »rechtens«, d. h., sie war Ausdruck staatlich sanktionierter Gewalt.

Was Frauen anbetrifft, ist die aufopfernde Rolle, die ihnen auch in der Sexualität zugeschoben wird, oft mit einer erheblichen Rücksichtslosigkeit, ja, Gewalt des Mannes verbunden, wurde aber auch durch jahrhundertealte »Ideale« von echter Weiblichkeit und ihnen entsprechende Gesetze untermauert. Mit Hilfe der Idealisierung eines Menschen, einer Sache, des »Führers« oder des Vaterlandes lassen sich nach wie vor Aggressionen verschieben, projizieren und schuldfrei in kollektiver Übereinstimmung an den »Feinden« solcher Ideale und Idealisierungen ausleben und damit »entkriminalisieren« oder gar durch staatlich erlassene Gesetze, mag dieser Staat auch selber kriminell sein, legalisieren.

In normalen Zeiten fordern Juristen rationale Beweise für die Schuld oder Unschuld eines Menschen oder einer Gruppe von Menschen. Oft genug dienen aber rationale Begründungen dazu, die eigentlichen Motive einer Handlungsweise im Unbewußten zu belassen. In der Psychoanalyse nennt man dies Rationalisierung, mit deren Hilfe anscheinend vernunftgerechte

Gründe für ein bestimmtes Verhalten gefunden werden, während die wirklichen Motive im Verborgenen bleiben.

Ich möchte auf einige kürzlich erfolgte Untersuchungen von Juristen näher eingehen und eine Verbindung zwischen dem Thema dieses Kapitels und den Ergebnissen einer viktimologischen Forschungsgruppe des Landes Hessen herstellen.

Die Forscher verfolgen ein Ziel, das den meisten ihrer juristischen Kollegen eher fremd ist: nicht nur einen streng rationalen Umgang mit den Opfern zu pflegen, sondern sich auch in deren Psyche einzufühlen, da der (scheinbar?) rationale und objektivierende Umgang mit dem Opfer sekundär schädigend für dieses sein kann. Das war ganz offensichtlich der Fall im Umgang mancher Juristen und Psychiater mit Opfern des Nationalsozialismus. Ich erinnere an den Aufsatz von Kurt R. Eissler in der Zeitschrift »Psyche«: »Die Ermordung von wie vielen seiner Kinder muß ein Mensch symptomfrei ertragen können, um eine normale Konstitution zu haben?«, in dem der Verfasser sich mit der juristischen und psychiatrischen Praxis der »Wiedergutmachung« auseinandersetzte (1963).

Wie aber der Staat bzw. dessen juristische oder psychiatrische Vertreter auch bei den Opfern alltäglicher Kriminalität die eigenen irrationalen Motive ihrer Rationalisierungen und ihrer Einfühlungsunfähigkeit erkennen und lernen können, besser mit ihnen umzugehen, das scheint eine bisher ungelöste Aufgabe zu sein.

Beim »Opferschaden«, wie es juristisch heißt, werden beispielsweise die meßbaren Verletzungen gewöhnlich bevorzugt behandelt und die subjektiv berichteten weniger ernst genommen. Die Gruppe der Viktimologen, mit denen ich mich auseinandersetzte, ist jedoch davon überzeugt, daß die »objektiven Schäden« wahrscheinlich weniger weitreichend sind als die psychischen. Die juristischen Beurteiler und Untersucher neigen dazu, die Opfer zu wenig sprechen zu lassen, gehen auf deren Gefühle nicht genügend ein, da sie alles möglichst kühl und sachlich abhandeln möchten. Das wird allerdings heute in Fällen der Vergewaltigung von Frauen durch die Arbeit der Frauenbewegung erschwert.

Diese Viktimologen waren sich auch uneinig darüber, wieweit psychotherapeutische Behandlungen vorgeschrieben werden oder der freiwilligen Entscheidung des »Opfers« überlassen bleiben sollen. Ist es sinnvoll, das Opfer aufzusuchen, oder soll dieses selber den ersten Schritt tun, wenn es Hilfe braucht? In der Tat scheint mir das nicht leicht zu entscheiden, da es sich bei vielen der Opfer um sehr traumatisierte und nicht selten um sprachungeübte Menschen handelt, die die größte Scheu davor hegen, sich an andere, an »Höherstehende« zu wenden, auch Angst davor haben, nicht verstanden zu werden oder sich nicht genügend verbal ausdrücken zu können. Die »Freiwilligkeit« ist natürlich vorzuziehen; man darf aber nicht vergessen, daß diejenigen Forscher, die die Ideologie der Freiwilligkeit bevorzugen, meist einer anderen Schicht angehören als die Opfer oder selber nie Opfer waren und insofern fälschlich annehmen, daß sie diese verstehen, wenn sie sich auf der Basis eigener Bedürfnisse mit ihnen identifizieren.

Als weiteres wichtiges Thema hat sich die Forschungsgruppe mit der Definition des Opferbegriffes und der Opferrolle beschäftigt. Gefragt wird, ob die Mitschuldvorwürfe, die offen oder verdeckt an Opfer, insbesondere an Opfergruppen wie Frauen, Kinder, Gewaltopfer etc. gerichtet werden, nicht eine Rationalisierung der eigenen Aggressionen dem Opfer gegenüber darstellen. Das ist anzunehmen. Ich wiederhole: Nicht selten haßt man als Mitglied einer sich im Recht wähnenden Mehrheit der Gesellschaft untergründig die Opfer und liebt die Täter – vor allem die Erfolgreichen –, die ausleben, was man bei sich selber unterdrückt. Wenn aber »Täter«, wie z. B. Mitglieder der RAF, sich als Opfer darstellen oder behaupten, für Opfer der Gesellschaft einzutreten, dann geraten sie so sehr in die Nähe eigener unbewußter seelischer Mechanismen, daß ihnen nur noch mit Wut und Vernichtungswünschen begegnet werden kann. Dementsprechend werden Mitglieder der RAF auch ungleich härter bestraft als die Massenmörder aus der Nazizeit, was jeder weiß und viele billigen.

Bei dem Nachdenken über die Begriffe Angst und Furcht kamen die Forscher zu der Einsicht, daß Kriminalitätsangst und Viktimisierungsfurcht vom Staat oder der Gesellschaft oft erzeugt werden, um dann entsprechend abgerufen zu werden, d. h. um den Ruf nach mehr Polizei, nach mehr staatlicher Gewalt zu rechtfertigen. Die Konflikte der Opfer mit ihrer Gesellschaft und *vice versa* sind beiden Seiten nur sehr teilweise bewußt. Was gibt es für Lösungsmöglichkeiten? Eine Erfahrung war für mich in diesem Zusammenhang besonders interessant, nämlich die über die Sündenbockfunktion auch des Täters, die untergraben wird durch einen Täter-Opfer-Ausgleich oder durch deren Versöhnung miteinander.

Bisher hatten wir uns damit beschäftigt, daß vorzugsweise Minderheiten, Andersdenkende, Andersfarbige etc. zu Sündenböcken gemacht werden und in dieser Funktion den Täter entlasten. Wenn aber auch der Täter selber in der Gesellschaft eine Sündenbockfunktion innehat (wie das wohl zum Teil bei den Terroristen/innen der Fall ist), muß man annehmen, daß der Täter offenbar ausübt, was den unbewußten Wünschen und Aggressionen großer Teile unserer Gesellschaft entspricht. Muß der Täter deswegen als Stellvertreter gesellschaftlicher Aggressionen verfolgt und vernichtet werden, um diese zu entlasten und staatliche Gewalt als rechtmäßig zu erleben?

Wenn der Täter dazu angehalten wird, wiedergutzumachen, zu bereuen oder eine Versöhnung mit dem Opfer anzustreben, verliert er für uns seine psychische Entlastungsfunktion: Wir können ihn nicht mehr als Stellvertreter der eigenen Aggressionen hassen und verfolgen, und unsere durch ihn erledigten Aggressionen werden nicht mehr durch seine gerechte Bestrafung aus der Welt geschafft. Daß Opfer zu Tätern gemacht werden, zumindest bei der Verfolgung von Minderheiten und bei Frauen, die selbst schuld an ihrer Vergewaltigung seien, ist hinreichend bekannt; daß Täter Täter bleiben müssen, damit wir uns unschuldig fühlen können, weniger. Wer wiederum durch Falschanschuldigungen von »Tätern« diese zu Opfern gemacht hat, wird selber als verfolgungswürdiger Täter angesehen, da er ja unsere psychischen Bedürfnisse offengelegt hat.

Frauen, die vergewaltigt wurden, weigern sich meistens, an einer Arbeit mit Tätern teilzunehmen. Das scheint mir verständlich. Sie wollen von ihrer Rolle der sich ewig Einfühlenden und Aufopfernden befreit werden, um die notwendige Kampfbereitschaft und Selbstbehauptung gegen ihre Unterdrücker und Vergewaltiger endlich ohne falsche Schuldgefühle aufbringen zu können. Das gilt natürlich für alle Opfer, die schwerste Traumen erlitten haben und für die irgendwelche Kontakte mit den Tätern unerträglich sind.

Welche Rolle spielt die Familie für das Opfer? Wendet das Opfer sich weniger an sie als an nahe Freunde? Soll man das als positiv oder negativ bewerten? Gesellschaft im Sinne einer im Verhältnis zur Familie erweiterten kulturellen Gemeinschaft, im Sinne anderer und / oder alternativer Wertvorstellungen hat immer in Konflikt mit der kleineren, engeren Einheit Familie gestanden. Die Pubertät gilt deswegen für den Psychologen als Befreiungsmöglichkeit von familiären Bindungs- und Anpassungszwängen, als Tor zur Welt der vielfältigeren Entscheidungs- und Entwicklungsmöglichkeiten.

Insofern kann es durchaus ein Fortschritt sein, wenn ein Opfer sich mit seinen Schamreaktionen, seinen Ängsten, seinen Verletzungen und Beschädigungsgefühlen an Fremde und nicht an Mitglieder der Familie wendet. Für die Familie ist er oder sie ja auch immer ein Teil des familiären Selbst, seine / ihre Beschädigung ist Beschädigung der Familie, seine / ihre Beschämung ist Beschämung der Familie.

Ich erinnere mich an die Vergewaltigung einer jungen Frau im Süden Italiens, die diese zu verschweigen suchte, die aber der Vater aus ihr herauslockte. Voller Zorn herrschte er sie an und forderte, niemandem etwas von dem, was ihr angetan wurde, zu sagen, da sie dann als Heiratsobjekt wertlos und für die Familie eine Schande sei. Als aber die Gruppe der Vergewaltiger sich ihrer Tat brüstete, erfuhren es die Brüder der Vergewaltigten, und nun war die Hölle los. Blutrache mußte sein, das Leben vieler Menschen wurde zerstört, einschließlich des zwar bemitleidenswerten, aber natürlich verachteten Opfers. Das nur als Extrembeispiel dafür, daß man als Opfer in der Familie immer mit untergründigen Vorwürfen zu rechnen hat, da man ja damit den Selbstwert seiner Familie mindert.

Als Familienmitglied muß man vor allem erfolgreich sein, zur größeren Ehre der Familie beitragen, deren Eitelkeit befriedigen und ihre gesellschaftliche Stellung bestätigen oder erhöhen. Das heißt also, als Familienmitglied hat man oft kein eigenes Selbst, kein eigenes Schicksal, das man für sich ertragen, für sich verantworten kann, in das der andere sich bestenfalls einfühlt, sondern man wird – wenn man zum Opfer geworden ist – als Beschädiger der Familie abgestempelt oder durch »Mitleid« erniedrigt. Dem jedes individuelle Leben erstickenden Griff der Familie ist dann nicht mehr zu entkommen. Das zumindest ist kein außergewöhnliches Schicksal, dem insbesondere Frauen als Opfer von Kriminalität und zugleich als Opfer eines Familienklans ausgeliefert sind.

Wie also kann man Opferhilfe, Opferunterstützung, Opferschutz sinnvoll leisten? Wie kann man der Versuchung entgehen, Opfer mit den eigenen Bedürfnissen zu belasten? Damit in Verbindung stehen auch die Probleme des Helfers, das sogenannte Helfersyndrom. Hat der Helfer etwa ein schlechtes Gewissen dem Opfer gegenüber, weil es ihm besser geht als diesem, vielleicht auch, weil er untergründig das Opfer als »kastriertes«, schwaches und beschädigtes Wesen verachtet? Oder braucht der oder die Helfer/in das Opfer, um endlich jemanden zu haben, der schwächer ist und dem gegenüber er/sie als Helfende/r sich überlegen fühlen kann, braucht er/sie das Opfer, um eigene Anklagen mit dessen Hilfe zu untermauern, seien sie familiär, gesellschaftlich oder politisch? Also auch der Helfer wird manche Probleme in sich selber bearbeiten müssen, bevor er dem

Opfer einigermaßen unbeschwert von eigenen Bedürfnisbefriedigungen, unterdrückten Aggressionen oder deren Projektionen beistehen kann.

Dazu gehört auch Einfühlung in das Opfer in bezug auf dessen neurotische Wünsche, einen Gewinn aus seiner Krankheit zu ziehen bzw. seinen Zustand als mögliche Erpressung von Zuwendung und Aufmerksamkeit zu benutzen. Denn natürlich aktiviert die erlittene Gewalt und Beschädigung im Opfer auch erhebliche Aggressionen. Diese zu befriedigen, ermöglicht ihm in gewisser Weise sein Opferdasein, das er/sie dazu benutzen kann, im anderen dauerhafte Schuldgefühle zu erwecken und ihn/sie von sich abhängig zu machen.

Um noch einmal darauf zurückzukommen: Wann betrachten wir Gewalt als kriminell? Im Nationalsozialismus waren Mord, Unterdrückung, Diebstahl in vielen Fällen gesetzeskonform, wurden im Namen des Staates und »höchster Ideale« gefordert, waren also im Sinne der damals herrschenden Rechtsauffassung keineswegs kriminell, sofern es der Führer und seine Gesetze befahlen.

Gewohnheitsunrecht, dem Frauen, Pogrome, denen Minderheiten seit Jahrhunderten ausgesetzt waren, die Kolonialisierung fremder Völker, entsprachen und entsprechen dem geschriebenen oder ungeschriebenen Gesetz der jeweils Herrschenden. »Kriminalität« ist also ein Begriff, der leicht eine heuchlerische Note bekommt, da man geneigt ist, Kriminalität als das aufzufassen, was gegen bestehende Gesetze verstößt, ohne danach zu fragen, von wem diese Gesetze gemacht wurden, was und wen sie unterstützen, wieviel Gewalt und Unrecht durch sie ausgeübt wurde oder werden kann.

Noch ein paar Worte zum Thema »Opfer zwischen Mitleid und Solidarität«. Erwecken tatsächlich Menschen, die nach den bestehenden Gesetzen Kriminalitätsopfer sind, Mitleid und Solidarität? Wie wir schon sahen, ist das so einfach nicht. Opfer des Nationalsozialismus werden beispielsweise untergründig oft kaum als Kriminalitätsopfer angesehen; sie erwecken bis heute bei einem großen Teil der Bevölkerung weder Solidarität noch Mitleid. »Man soll uns um Gottes willen endlich mit der Vergangenheit in Ruhe lassen, und außerdem weiß man ja gar nicht, was überhaupt geschehen ist und wie sich die Opfer selber an ihrem Schicksal mitschuldig gemacht haben.« Das ist eine Einstellung, die bis in die Gegenwart von einem beträchtlichen Teil unseres Volkes geteilt wird, mag sie auch in dieser Offenheit nur vereinzelt ausgesprochen werden.

Mitleid und Solidarität gelten gewiß auch nicht Frauen, die – sei es durch fremde Gewalttäter, sei es in der Ehe – zu Sexualität gezwungen oder zu mehr oder weniger verachteten Opfern gemacht werden. Immer wieder wird vor allem versucht werden, Vorwürfe an das Opfer zu richten, eine Identifikation im Sinne von Mitleiden und Solidarität mit dem Opfer zu vermeiden, es sei denn, man benutzt diese Identifikation, um sich letztlich selber als das größte Opfer darzustellen und durch Aufrechnung von Schuld eigene Schuldgefühle aus der Welt zu schaffen.

Wenn Frauen sich gegen die kampflose Hinnahme von Gewohnheitsunrecht wehren, stoßen sie meist auf Widerstand der Männer. Nur wenige Männer sind bereit, sich mit den ihnen unbequemen Problemen, Forderungen und Einsichten von politisch bewußten Frauen auseinanderzusetzen; die meisten reagieren darauf aggressiv oder höhnisch. Sich mit Konflikten auseinanderzusetzen, Schuldgefühle zu ertragen, ist nicht Sache der Mehrheit der Männer, wahrscheinlich auch nicht Sache der Mehrheit der Frauen. Die Fähigkeit jedoch, mit den eigenen Gefühlen umzugehen, ist bei Frauen von Kindheit an – schon durch ihre Erziehung – in weit höherem Ausmaß gegeben als bei Männern. Abwehr von Schuld, Scham und Aggressionen ist bei ihnen regelmäßig mit der Suche nach Sündenböcken verbunden. Dementsprechend kann auch die heutige Generation der um Gleichberechtigung und Selbstbehauptung ringenden Frauen immer damit rechnen, in die Kategorie der Geächteten eingeordnet und mit Gewalt unterdrückt zu werden.

Dem Nationalsozialismus lagen absurde, auf die Spitze getriebene Männlichkeitsideale, lag ein rassistischer Männlichkeitswahn zugrunde. Die Suche nach Sündenböcken war ein zentrales Bedürfnis dieser Zeit. Der oft als »weibisch« diffamierte Jude wurde das Opfer paranoider Projektionen einer sich selber vergötternden Herrenrasse, dem die Schuld an allem Elend, sei es an den deutschen Vernichtungsfeldzügen und schließlich an seiner eigenen Vernichtung, zugewiesen wurde. Mit Hilfe der Dehumanisierung der Juden, später auch der »slawischen Untermenschen«, gelang es bekanntlich, das Gewissen großer Teile des deutschen Volkes umzudrehen und Taten, die gestern noch als unvorstellbare Verbrechen gegolten hätten, zum Ausdruck heroischer Gesinnung, zur Vollstreckung des »Willlens der Vorsehung« umzuwerten. Indem die Gewalt gegen die Angehörigen »minderwertiger Rassen« nicht mehr als Ausdruck von Kriminalität angesehen wurde, die Verfolgten als den deutschen Volkskörper krank machendes Ungeziefer bezeichnet wurden, gab es keine Opfer mehr, die Herz und Gewissen aufs schwerste belasteten und aktivierten, sondern nur noch Schädlichkeitsbekämpfung – und das im Namen »höchster Ideale«.

Um Mitleid und Solidarität mit Opfern von Gewalt und Vernichtung zu empfinden, ist es offenbar notwendig, sich mit den Opfern verstehend zu identifizieren, ohne diese zu einem Teil des eigenen Selbst zu machen oder auch mit Hilfe der Opfer eigene Bedürfnisse zu befriedigen. Je starrer die Abwehrhaltung gegen die Durcharbeitung eigener Aggressionen und Schuldgefühle, eigener Probleme, Haß- und Minderwertigkeitsgefühle ist, um so größer ist die Gefahr, das Opfer zur eigenen Problemlösung zu mißbrauchen. Hilfe kann nur dann geleistet werden, wenn man dem Opfer auf gleicher Ebene einfühlend und mitleidend begegnet und dessen traumatische Erlebnisse, Vernichtungsängste und Konflikte in ihren bewußten und unbewußten Dimensionen zu begreifen und mit dem Opfer gemeinsam zu ertragen versucht.

5. Frauen- und Männer-Werte

In diesem Kapitel setze ich mich noch einmal mit Werten auseinander, die man gemeinhin als »weiblich« oder »männlich«
bezeichnet; auch beschäftige ich mich mit der Bedeutung geschlechtsspezifischer Werte und Beziehungen, wie sie in der
Nazizeit gang und gäbe waren. Dennoch stehen Überlegungen
zum Hitler-Reich nicht im Mittelpunkt meiner Ausführungen.
Immer wieder ziehe ich mich auf die Erklärungsmuster der
Psychoanalyse zurück, um, von mir Bekanntem ausgehend, die
Entwicklungen gestern und heute zu verstehen.

Es wurde mir wiederholt vorgeworfen, an Reformismus und Anpassung der Frau zu appellieren und mit ihrer »Friedfertigkeit«
falsche weibliche Werte zu propagieren. Das entspricht, wie gesagt, meinem Denken und meinen »Werten« in keiner Weise.

Die sogenannte Feminisierung der Politik und andere Begriffe
werden nur dazu benutzt, Frauen mit Hilfe von Idealisierungen
und altbekannten Rollenzwängen weiterhin zu isolieren. Keim-
zelle alles Guten in unserem seiner christlichen und nationalen
Werte bewußten Volk bleibt die Familie, so hören wir es täglich.
»Weibliche« Verhaltensweisen wie Anpassung, Einfühlung,
Aufopferung und Unterordnung werden auch von Politikerin-
nen erwartet, wenn sie nicht als unweiblich diffamiert werden
wollen.

Frauen gehen nur allzu bereitwillig auf solche an sie herangetra-
genen »Werte« ihrer männlichen Kollegen ein. Dafür nur eins
von ungezählten Beispielen: Mehrheitlich beschlossen vor kurzem SPD-Frauen, sich nicht dafür einzusetzen, den Paragraphen

218 aus dem Strafgesetzbuch zu streichen. Danach bleibt es bis auf weiteres eine mit Bestrafung verbundene Männersache, ob, wann und wie Frauen Kinder in die Welt zu setzen haben, und nicht eine Aufgabe, wie Frauen in konfliktbeladenen, oft tragischen Situationen am besten zu helfen ist. Mit Hilfe der von Männern festgelegten Gesetzgebung bleibt der weibliche Körper männlicher Machtbefugnis unterworfen – und dies mit Zustimmung der sozialdemokratischen Frauen.

Weibliche Friedfertigkeit als Allheilmittel gegen männliche Gewalt, männliche Selbstidealisierung und Selbstverborgenheit anzusehen, ist naiv und gefährlich zugleich. Ich bin mir bewußt, daß die Kampfbereitschaft der Frauen unerläßlich ist, wenn es darum geht, sich gegen die Rigidität und den Perfektionismus eines phallisch-narzißtischen Denkens zu stellen, das die von seelischen Abwehrmechanismen bestimmte Sündenbocksuche, das Denken in Freund-Feind-Kategorien verewigt. Oder wenn es darum geht, den eingefahrenen Denkmustern der Männer andere Denk- und Verhaltensmuster entgegenzusetzen.

Was sind männliche, was sind weibliche »Werte«? Ich fasse zusammen, was in den vorhergehenden Kapiteln gesagt wurde: Im Laufe der Jahrhunderte entwickelten Frauen aufgrund ihrer gesellschaftlichen Unterdrückung und der Verinnerlichung eben jener Wertvorstellungen eine andere Art des Denkens und Verhaltens, ein anderes Selbstverständnis als Männer. Sie wurden von Kindheit an dazu angehalten, sich mehr mit den eigenen Gefühlen auseinanderzusetzen und fremde Gefühle mehr zu beachten, als das von Männern erwartet wird. Ihrer Erziehung zu friedfertiger Anpassung und zu Aggressionsunterdrückung steht die aggressive, rivalitätsgeladene, gefühlsabwehrende Selbstbehauptung des Mannes gegenüber, die ihm in einer von phallisch-narzißtischen Werten geprägten Gesellschaft aufgezwungen wird.

Die Frau wendet ihre Aggressionen nach innen, was nicht nur zu Selbstaufopferung und chronischen Schuldgefühlen führt, sondern natürlich auch zu untergründigen Aggressionen, zu kleinlichem, eifersüchtigem Verhalten untereinander, was die sie unterdrückenden Männer ihr dann höhnisch vorwerfen. Die Aggressionen des Mannes, die ursprünglich der Mutter, aber später der alleinigen gesellschaftlichen Autorität, dem Vater, gelten, lösen in ihm so große Ängste aus, daß er sie zu projizieren pflegt, d. h., er verschiebt sie auf Minderheiten, die ihm weniger Angst machen, oder auf »Feinde«. Das funktioniert dann besonders gut, wenn er seine Sündenböcke und Feindbilder mit anderen Männern seiner traditionellen Wertewelt teilt und sie mit ihnen gemeinsam bekämpfen kann.

Das ist die wohlbekannte Lösung angsterregender Konflikte, die entstehen, wenn dem Mann einerseits kulturell Aggressionen zugestanden, ja, geradezu abgefordert werden, er sie aber andererseits, da sie ursprünglich der mächtigen Autorität seiner Kindheit gelten und deswegen unerträgliche Kastrations- bzw. Vergeltungsängste hervorrufen, erbarmungsloser unterdrücken muß als die unter anderen Ängsten, vor allem der Angst vor Liebesverlust leidende Frau. Als Ausweg aus diesem Dilemma sucht er in der Außenwelt Feindbilder, denen er jeden Wert absprechen kann, ja, muß, und die er deswegen ohne Schuldgefühle angreifen oder verfolgen kann.

Gesuchte und schnell gefundene Sündenböcke erlauben es, einerseits Gewalttätigkeit und Verachtung auszuleben, andererseits die Idealisierung des »heiligen Vaterlandes«, der eigenen Sippe und des eigenen Ichs aufrechtzuerhalten. Dadurch können Aggressionen gegenüber Vater und Vaterland erfolgreich abgewehrt werden, und mit der Spaltung in Gut und Böse läßt sich die kritiklose Idealisierung der nationalistischen Wertewelt mit ihrer typischen Unterscheidung von spezifisch männlichen und spezifisch weiblichen Werten endlos wiederholen.

Die beim Mädchen mehr aus Angst vor Liebesverlust verinnerlichten Gebote und Werte der Eltern können zur Bildung eines Gewissens beitragen, das mehr auf die Erhaltung der Liebe nahestehender Menschen, durch Einfühlung in deren Bedürfnisse und Sorgen als auf die gesetzestreue Einhaltung von Verboten und Wertvorstellungen um ihrer selbst willen ausgerichtet ist.

Wegen ihres übergroßen Bedürfnisses danach, geliebt zu werden, läuft die Frau Gefahr, ihre verinnerlichten Aggressionen in eine sadomasochistische Opferhaltung zu verwandeln oder sich mit männlichen Wertvorstellungen und Idealisierungen unkritisch zu identifizieren oder auch ihre Aggressionen nur an »Schwachen« auszuleben, nämlich an ihresgleichen oder an ihren Kindern.

Ich habe darzustellen versucht, daß Frauen aufgrund ihrer gesellschaftlichen Situation und ihrer Erziehung lernen, ihre Aggressionen zu unterdrücken oder sie gegen sich selbst oder ihresgleichen zu wenden. Auch Frauen können sich als Mitläuferinnen aus der Mitverantwortung für unmenschliche Taten nicht heraussstehlen. Denn »Mitläufer« unterstützen die Täter, auch wenn man sie nicht vor Gericht stellen kann.

Wie schwer es aber ist, sich dem Trend einer Gesellschaft zu widersetzen, darüber bin ich mir natürlich im klaren. Frauen, die sich um eine neue Stellung der Frau, um eine neue Definition von weiblicher Sexualität, von männlichen und weiblichen Tugenden oder Untugenden, von Moral und Unmoral, sei es im Beruf, sei es in der Politik, in der Familie oder in der Beziehung zwischen den Geschlechtern, bemühen, setzen sich nicht zu unterschätzenden Gefahren und Feindschaften aus. Schon deswegen fällt es selbst kämpferischen Frauen schwer, sich von traditionell männlichen und weiblichen Wertvorstellungen zu lösen.

Seit Ende der sechziger Jahre gibt es in der Bundesrepublik eine neue Frauenbewegung. Die unterschiedlichsten Einstellungen, Philosophien und Erklärungsmuster werden in ihr vertreten. So unterschiedlich die Einstellungen dieser Frauen sein mögen, sobald sie sich politisch organisieren oder auf tatsächlicher Gleichberechtigung bestehen, traditionelle Wertvorstellungen kritisieren und auf tiefergehende gesellschaftliche Veränderungen drängen, stoßen sie heute wie gestern auf den massiven Widerstand der Mehrheit der Männer und vieler Frauen. Das hindert jedoch Frauen nicht daran, untereinander Meinungsdifferenzen auszutragen oder Solidarität nicht mit falscher Harmonie zu verwechseln.

Mit der Ablehnung mancher aus kritischer Selbstbetrachtung sich aufbauender psychoanalytischer Theorien werden zuweilen auch Vernunft und Aufklärung als »männliche« Denkformen mißverstanden und global *ad acta* gelegt. Damit möchte ich nicht sagen, daß die Definition von dem, was als Wissenschaft in unserer Welt anerkannt wird, Männern überlassen bleiben sollte. »Wissenschaftliche Objektivität«, die Männer den Frauen immer aberkannt haben, stellt seit jeher ein Produkt dar, das aus der Sicht männlichen Denkens und Verhaltens gewonnen ist, das also durchaus von subjektiven Merkmalen und Einschränkungen geprägt ist.

Die Rigidität des typisch männlichen Überichs oder »Gewissens« fördert die Abwehrmechanismen des Ichs gegen das Erkennen unbewußter Motive. Der Abwehrmechanismus der Rationalisierung ist deswegen bei Männern besonders häufig zu beobachten, vor allem dann, wenn es sich um Ideologien, »Moral«, Religionen und politische Überzeugungen handelt, Gebiete, aus denen Frauen bisher ferngehalten wurden, da ihr »schwaches Überich« und ihre angebliche intellektuelle Denkunfähigkeit sie vom Männerdenken in Männerbünden ausschließt.

Die offene Einstellung Freuds neuen Erfahrungen und Denkweisen gegenüber ist mittlerweile bei manchen Analytikern verlorengegangen. Was für Freud nur vorläufige Erkenntnisse waren, verfestigte sich bei vielen seiner Nachfolger zu einer gesicherten Theorie. So wurden die Entdecker der das Handeln und Denken bestimmenden unbewußten Motive – im Hinblick auf die Rolle der Weiblichkeitstheorie – selbst Opfer der eigenen Rationalisierungen. Ihre Theorien verfestigten sich zu Ideologien. Abwehrmechanismen, die weniger der Tätigkeit des Überichs als der eines männlichen Narzißmus zuzuschreiben waren, schränkten den psychoanalytischen Blick für das eigene Unbe-

67

wußte ein, so daß die geheime Frauenverachtung, die manchen ihrer Weiblichkeitstheorien zugrunde lag, ihnen selbst unbewußt blieb. In solchen Theorien bleibt die geschlechtsspezifische Hierarchie unangefochten erhalten. Der Frauenkörper bleibt dem Mann untertan, nur aus der Erfüllung ihrer biologischen Funktion ergibt sich für die Frau ihr Lebenssinn.

Wenn nun auch den Frauen ihre eigenständige Aggressivität genommen werden sollte, was manche aus meinem Buch über die »friedfertige Frau« herausgelesen haben, stieß das verständlicherweise auf empörte Zurückweisung. Um auch dieses Mißverständnis zu klären, möchte ich mich noch einmal mit den Theorien Freuds beschäftigen, wie ich sie verstanden habe.

Die Psychoanalyse war anfänglich eine Traumatheorie, das heißt, Freud maß der sexuellen Verführung des Kindes durch Erwachsene grundlegende Bedeutung für die später sich entwikkelnden Neurosen bei. Als er erkannte, daß nicht nur äußere Einwirkungen, wie die Verführung durch Erwachsene, sondern auch eigenständig sich entwickelnde Triebe mit ihren phasenspezifischen Phantasien das psychische Leben des Kindes und später des Erwachsenen bestimmen und wesentlich zur Entwicklung einer Neurose beitragen, verschoben sich Bedeutungen und änderten sich Erklärungsmuster in der psychoanalytischen Theorie.

Die Traumatheorie als Angelpunkt für die weitere Entwicklung des Kindes wurde mehr oder weniger aufgegeben, und es entstand die klassische Freudsche Triebtheorie. Daß die sich in Phasen vollziehende Triebentwicklung mit dem ihr entsprechenden Phantasieleben des Kindes nicht unabhängig blieb von äußeren Einwirkungen wie Erziehung, Verführung, bewußten und unbewußten Phantasien der Eltern, Traumen jeder Art also, war für Freud immer selbstverständlich, hat aber mittlerweile zu vielen Auseinandersetzungen und Polemiken gegen Freud geführt. Heute würden sich die Psychoanalytiker sicherlich im großen und ganzen darauf einigen können, daß sich zwar bei jedem Kind die Triebentwicklung in typischen Phasen vollzieht, daß aber diese Entwicklung von Geburt an durch die mitmenschlichen Beziehungen und die damit verbundenen Phantasien beeinflußt und gestört werden kann.

Bekanntlich konnte Freud die Triebentwicklung des Mannes eindeutiger erklären als die der Frau. Er war davon überzeugt, daß für Mann wie für Frau die Beziehung zur Mutter von schicksalsmäßiger Bedeutung ist, was vor allem dann zutrifft, wenn nur die Mutter für das kleine Kind zuständig bleibt. In der Nazizeit gab es natürlich keinerlei Zweifel, daß allein die Mutter die Kleinkinder zu versorgen habe und daß sich das sowenig ändern dürfe wie die hierarchisch geordnete Geschlechterbeziehung. So einfach war das bei Freud gewiß nicht. Er hat sich an manchen Stellen seines Werkes mit den Schwierigkeiten und Problemen in der Geschlechterbeziehung in der denkbar differenziertesten Weise auseinandergesetzt.

Die Beziehung der Frau zum Vater/Mann, leitet man sie von ihren kindlichen Wünschen und der entsprechenden kindlichen Entwicklungsphase ab, ist eher eine progressive, verglichen mit den regressiven Wünschen des Mannes seiner »Mutter/Frau« gegenüber. In diesen unterschiedlichen Erwartungen fühlen sich die Ehepartner, wie oben bereits vorgestellt, vom jeweilig anderen oft enttäuscht, ohne sich gegenseitig verständlich machen zu können, warum das so ist. Der Mann wehrt sich gegen die Bewußtwerdung seiner mit Abhängigkeit verbundenen Mutterwünsche, die seinen Männlichkeitsidealen widersprechen, und damit auch gegen die Bewußtwerdung der tieferen Ursachen seiner Enttäuschung.

Die Frau hingegen sucht im Mann einen erwachsenen Partner, mit dessen Hilfe sie, wie in der Kindheit durch den Vater – wenn er denn verständnisvoll auf seine größer werdenden Kinder einzugehen verstand –, aus ihrer regressiven Beziehung zur Mutter herausfinden kann. Daraus entstehen untergründige, nicht selten auch offene Aggressionen. Der sich unverstanden fühlende Mann neigt zu Gewalttätigkeiten oder sucht Zuflucht in einer anderen Beziehung, mit deren Hilfe er seine Männlichkeit beweisen will, ohne sich dessen bewußt zu sein, daß er sich damit nur erneut seinen Sehnsüchten nach frühkindlicher Symbiose hingibt.

Um all diesen Konflikten zu entgehen, wie auch aus Angst vor Liebesverlust, wendet die Frau ihre Aggressionen gegen sich selber, wie sie es schon in der Kindheit vielfach lernte, neigt zu Schuldgefühlen und Selbstvorwürfen, läßt sich ausbeuten und gibt den Wünschen nach regressiver Bemutterung ihres Mannes schließlich nach. Eine solche Frau, die bewußt oder unbewußt auf die Abhängigkeitswünsche ihres Mannes eingeht, aus Angst vor seinen offenen oder untergründigen Aggressionen oder auch aus Angst davor, verlassen zu werden und ihre »weibliche« Rolle nicht zu erfüllen, kann dann lebenslang zu einer Art präödipal-ödipaler Mutter für den ihr gegenüber infantil bleibenden Mann werden, das heißt, Sexualität, Aggression, mütterliche Fürsorglichkeit und Infantilität verbinden sich unlösbar miteinander.

In einer solchen Art der ehelichen Verbindung erlebt vor allem die älter werdende Frau die altbekannten Enttäuschungen. Der Mann gibt seine Suche nach einer Verbindung von kindlicher Abhängigkeit und Sexualität nicht auf, fühlt sich von seiner Frau enttäuscht, die ihm diese erregende Mischung nicht mehr vermitteln kann, sucht sie bei einer anderen jüngeren Frau. Die allein bleibenden Frauen können ihre neurotischen Bindungen an ihre Männer nicht aufgeben, verfallen in masochistisch unterwürfige Selbstanklagen, die sie nur noch tiefer in das seelische Elend ihrer Identifikation mit einer männlichen Wertewelt führen. Für sie sind Frauen ohne Männer so gut wie tot.

Wie lassen sich solche repetitiven, mit viel Leid und charakteristischen Deformationen verbundenen Geschlechterentwicklungen vermeiden, in denen Frauen sich um ein eigenständiges Leben selbst betrügen und Männer egozentrisch um sich selber, ihre Abhängigkeitsbedürfnisse, ihr sexuelles und berufliches rivalitäts- und aggressionsgeladenes Erfolgsleben kreisen? Voraussetzung ist eine kritische Auseinandersetzung mit geschlechtsspezifischen Wertvorstellungen, die seit Jahrhunderten unsere Gesellschaft prägen und bis heute ihren Einfluß auf die gesellschaftlichen Bedingungen und individuellen Beziehungen ausüben. Wenn die Mutter alleinverantwortlich für die frühkindliche Erziehung bleibt, identifizieren sich beide Geschlechter mit der als allmächtig erlebten Mutter, von deren Zuwendung sie total abhängig sind und die schon deswegen immer als enttäuschend erlebt werden muß. Enttäuschte Abhängigkeit erzeugt aber untergründigen Haß bei beiden Geschlechtern, der später nicht selten als Verachtung der Frau oder Mutter erlebt wird.

In der Psychoanalyse, in der Normen der psychosexuellen Entwicklungsphasen herausgearbeitet wurden, die natürlich abhängig sind von den jeweils üblichen Erziehungs- und den ihr entsprechenden Wertemustern, sieht man das Kind in der analen Phase (etwa vom 2. bis 3. oder auch 4. Lebensjahr) abwechselnd von Abhängigkeitsgefühlen, Trennungsängsten und Autonomiewünschen wie Aufsässigkeit gegen die Mutter beherrscht. Die »allmächtige« Mutter dringt nach dem Erleben des Kindes »anal« besitzergreifend in dieses ein, das – als Reaktion – die ihm zur Verfügung stehenden Abwehrkräfte mobilisiert. Ambivalenz, das heißt abwechselnd Haß und Liebe, beherrscht das Verhältnis zur Mutter, übergroße Abhängigkeit kollidiert mit Allmachtsvorstellungen und Wünschen nach totaler Eigenständigkeit.

Unterscheiden sich nun in dieser frühen Phase Knabe und Mädchen? Zahlreiche psychoanalytische Theorien ergänzen oder widersprechen einander mittlerweile, was die typische Entwicklung in der Frühzeit beider Geschlechter betrifft. Die Geschlechtsidentität pflegt sich im Laufe des zweiten Lebensjahres zu etablieren. Aber bereits früher fließen Erwartungen von weiblichem oder männlichem Verhalten in die Art des Umgangs mit dem kleinen Kind ein und bestimmen dessen Identitätsgefühle. In den frühkindlichen Phasen neigen beide Geschlechter zu Gewalttätigkeit und Aggressionen, zu einer paranoiden Verschiebung eigener angsterregender Gefühle nach außen. Diese triebhaften Ausbrüche und Verhaltensweisen werden beim Mädchen mehr unterdrückt als beim Knaben. Die sogenannte »böse Frau«

lernt sich deswegen zu verstecken, äußert ihre Aggressionen eher hintenherum, vermag mit Hilfe von Aufopferungsattitüden und einer entsprechenden Vorwurfshaltung ihre Familie zu unterdrücken. Eine unglückliche weibliche Entwicklung zweifellos, die aber weit mehr mit Erziehung als mit einer biologischen Weiblichkeit und einer geschlechtsspezifischen Aggressionsentwicklung zu tun hat.

Indem Frauen sich der Motive ihres Verhaltens bewußt werden, entdecken sie ihre oft tiefverwurzelten Aggressionen und lernen, Verantwortung für die eigene Bosheit zu übernehmen. Das impliziert auch Verantwortung für Destruktivität in Gesellschaft und Politik. Wie wir wissen, paßten die als Aufseherinnen in den Konzentrationslagern der Nazis herrschenden Frauen sich dem unmenschlichen Verhalten ihrer männlichen Kollegen an und teilten deren perverse Ideologie.

Ihren Gefühlen der Hilflosigkeit und Abhängigkeit, ihren Allmachtswünschen, Enttäuschungen und Aggressionen sind beide Geschlechter in ihrer frühen Kindheit gleichermaßen ausgeliefert, auch der Angst und den Schuldgefühlen, die Wut und Haß in ihnen auslösen. Der Junge macht wie das Mädchen die projektiv-spaltende und depressive Position durch, in der ein Mensch entsetzt erkennt, daß er zerstören kann, was er eigentlich liebt. Bedürfnisse nach Wiedergutmachung sind die Folge, wenn die Erziehung nicht Abwehr und Projektion fördert. Nach Melanie Klein ist die orale Phase, in die die paranoid-schizoide und die depressive Position fallen, eine »weibliche«, weil eine in sich hineinnehmende. Die nährende Brust steht im Mittelpunkt der Triebbedürfnisse beider Geschlechter. Die Frau bleibt nach Melanie Klein – der weiblichen Biologie und Anatomie entsprechend – eine Aufnehmende. Sie wird nicht zur Frau gemacht, sondern wird als Frau geboren. Sie weiß unbewußt schon immer um ihr weibliches Genitale, ihr Kinderwunsch ist angeboren und bestimmt ihr Leben. Vor allem dieses Wunsches wegen neidet sie der Mutter (nicht dem Vater) den Penis, den diese – ihrer Phantasie nach – in ihrem Leib beherbergt und ihr vorenthält. In ihren von Neid und Enttäuschung beherrschten Phantasien dringt sie zerstörend in das Innere der Mutter ein, um ihr den Penis zu rauben. Sie leidet deswegen unter einer Vergeltungsangst (die Mutter könnte sich rächen), die das Pendant der Kastrationsangst des Knaben ist.

Der Knabe, obwohl in seinen ersten Triebbedürfnissen auch weiblich aufnehmend an die Brust der Mutter gebunden, ist nach Überwindung dieser Phase von seiner Biologie und Anatomie triebhaft dazu bestimmt, ausstoßend, eindringend, beherrschend zu sein. Die Frau ist bei Melanie Klein nicht wie bei Freud ein verkümmerter Mann, sondern von Anbeginn an ein vollständiges weibliches Wesen, zum Kinderkriegen und entsprechend fürsorglich-sozialen, in sich aufnehmenden Verhalten vorbestimmt. Die kulturelle und gesellschaftliche Aufgabe ist dem Mann seiner Anlage entsprechend vorbehalten. An ihr nimmt die Frau nur ihn bewundernd teil.

Bezieht man die gesellschaftlichen Faktoren ein, sieht das nach meiner Ansicht etwas anders aus als bei Melanie Klein. Beide Geschlechter pflegen bei unserer Art der einseitigen mütterlichen Fürsorge in den ersten Lebensjahren mit der Mutter identifiziert zu sein. Dem Knaben wird das aber frühzeitig untersagt. Bei ihm fördert die traditionelle Erziehung mit den ihr zugrunde liegenden Werten und deren psychischer Verarbeitung die primitive Neigung, das Böse nach außen zu projizieren, das heißt die projektiv-spaltende Phase zu verewigen, während das Mädchen durch Verinnerlichung seiner Aggressionen eher zu Depressionen neigt. Das ist natürlich individuell verschieden. Männer können warm, offen und objektbeziehungsfähig, in ihrem Verhalten von Wiedergutmachungsbedürfnissen oder depressiven Schuldgefühlen bestimmt sein, während Frauen sich von paranoidem und manichäischem Denken beherrschen lassen.

Im allgemeinen wird dem Knaben mehr als dem Mädchen erlaubt, egoistischen Launen und aggressiven Neigungen nachzugehen. Von dem Jungen wird nun einmal seltener verlangt, sich

73

in die Bedürfnisse der anderen Familienmitglieder einzufühlen. Seine ursprüngliche Identifikation mit den mütterlichen Funktionen wird frühzeitig unterbrochen. Von ihm werden vielmehr Erfolg, männliche Wehrhaftigkeit und Gefühlsunterdrückung erwartet, was natürlich seine Macht- und Allmachtbedürfnisse, seine Gewalttätigkeit, sein narzißtisches Imponiergehabe, seine Egozentrik fördert, Eigenschaften, die man aber sicherlich nicht als angeboren ansehen kann.

Die gesellschaftliche Haltung der Mutter trägt das ihre zu dieser Entwicklung bei. Einerseits idealisiert sie in Identifikation mit den Wertvorstellungen ihrer Gesellschaft alles Männliche, überläßt dem Mann die gesellschaftlichen Machtpositionen, andererseits erlaubt sie ihm innerhalb der Familie Regressionen auf kindlich-egoistische Bedürfnisse, für die sie ihn gleichzeitig verachtet.

Frauen sind, es sei erneut betont, von Natur aus sicherlich nicht friedfertiger als Männer; sie sind psychobiologisch mit Aggressionen ausgestattet wie Männer. Erziehung bestimmt das weibliche und männliche Rollenverhalten. Frauen lernen, mit ihren Aggressionen, wie überhaupt mit ihren Gefühlen, anders umzugehen als Männer. Das hat den Vorzug, daß bei ihnen der Kontakt zu ihrer Gefühlswelt gewöhnlich besser erhalten bleibt. Einfühlung in andere ist ihnen selbstverständlicher als dem Mann. Verdrängung eigener Aggressionen und Angst vor Liebesverlust verführen Frauen jedoch dazu, sich an die destruktiven Ideale und Sündenbockverfolgung ihrer Männer anzupassen, an denen sie nicht selten insgeheim ihre Freude haben. Also nicht die »friedfertige Frau« sorgt für Frieden und permanente Aufklärung, sondern nur diejenige, die sich die falschen Werte und die entsprechenden zerstörerischen Verhaltensweisen bewußt macht. Aus Angst vor Liebesverlust, verdrängten Aggressionen und dem naiven Glauben an die männliche Überlegenheit paßten sich allzu viele Frauen den »Werten« der Herrenmenschen des Dritten Reiches an. Männliche »Tugenden« und weibliche Anpassung haben zu Krieg und Gewalt ohne Ende geführt.

6. Frauen und »neues« Denken

»New Age« und »neues« Denken entsprechen einander nicht, auch wenn aus beiden eine Art Modebegriff zu werden droht. Mit »neuem Denken« – um das klarzustellen – verbinde ich keine mystischen Heilsvorstellungen, die die Welt retten sollen, sondern einen sehr nüchternen und kritischen Umgang mit dem, was einer Frau tagtäglich in Familie, Gesellschaft und Politik an »Werten« und den damit verbundenen Verhaltensweisen und Vorurteilen begegnet und sie zum Nachdenken zwingt.

Das »neue Denken« der Frauen ist das Ergebnis einer kritischen Überprüfung von Frauen- und Männerbildern, wie sie bisher von vielen von uns als selbstverständlich akzeptiert wurden. Eine »richtige« Frau hat opferfreudig, friedfertig und dem Mann ergeben zu sein und sich bestehenden Wertvorstellungen anzupassen. Aber gibt es sie denn, diese »friedfertige Frau«? Wenn ja, warum hat sie bisher keine Kriege, keine Gewalt verhindern können? Kann man das überhaupt von »den« Frauen erwarten?

Idealisierende Rettungsphantasien solcher Art halten nüchternem Denken nicht stand; sie sollen Frauen nur nahelegen, sich als »bessere Menschen« aus der Gesellschaft der Männer und ihrer von Machtwünschen und paranoiden Rivalitäten beherrschten Politik herauszuhalten.

Nicht »weibliche Friedfertigkeit« führt zu einem neuen Überdenken der bestehenden Verhältnisse, sondern weibliche Selbstbehauptung. Von der Männerherrschaft, die soviel Unglück, Unmenschlichkeit und Zerstörung über uns gebracht hat, wird das Umdenken der Frauen, das sich mit einem veränderten Verhalten verbindet, als gefährlich erlebt. Es macht dem Mann Angst, wenn seine fragwürdigen Werte und Lebenslügen durchschaut werden.

Seit Jahrhunderten haben unterschiedliche männliche und weibliche Rollen- und Verhaltensvorschriften die Machtverhältnisse zwischen den Geschlechtern bestimmt. Die Konfrontation mit ihrer gesellschaftlichen Unterdrückung, die Verinnerlichung einer ihnen vorgeschriebenen »Weiblichkeit« führte bei Frauen zu einer anderen Art des Denkens und Sich-Verhaltens, zu einem anderen Selbstverständnis, als das bei Männern der Fall war. Ich spreche hier von gesellschaftstypischen Entwicklungen – daß Frauen und Männer sich individuell erheblich voneinander unterscheiden können, versteht sich von selbst. Aber der / die Unterdrückte ist zu neuem Denken fähiger als der Unterdrücker, der um seine Macht fürchten muß, wenn am bestehenden Denken gerüttelt wird.

In einer patriarchalischen, hierarchisch geordneten Welt wird immer noch mehr geachtet, wer sich in seinem Handeln auf »Ideale« oder Vorbilder beruft – möge damit auch Inhumanität unvorstellbaren Ausmaßes verbunden sein –, als derjenige, der sich in Andersdenkende oder die Opfer seiner falschen Werte einfühlt, Schuld und Trauer ihretwegen empfindet oder selbst zum Opfer wird. In der vom Männerwahn besessenen Nazi-Zeit war die Neigung, sich unkritisch Vorbildern und Führer-Idealen hinzugeben, nicht nur ein politischer, sondern auch ein innerpsychischer Zwang, der unfähig machte, einer totalen Korrumpierung der Rechtsauffassung zu widerstehen und den Zusammenbruch einer humanen Orientierung zu verhindern.

Liest man, was Ralph Giordano (1987) in seinem Buch »Die zweite Schuld oder von der Last Deutscher zu sein« an typischen Denk- und Rechtfertigungsmechanismen aus der Zeit nach dem Zusammenbruch des Hitler-Reichs zusammengetragen hat, entdeckt man, daß diese Art des Denkens bereits lange vor Hitler in

76

der deutschnationalen männlichen Selbstüberhöhung Tradition war. Denkt man an den Historikerstreit, an die »furchtbaren Juristen« oder die Ärzte und Journalisten, die alles tun, um ihre Selbstidealisierung aufrechtzuerhalten und die Opfer ihrer inhumanen Ideale und Handlungsweisen zu vergessen, so werden die Nachdenklichen unter uns mehr denn je von der Dringlichkeit eines »neuen Denkens«, eines kritischen Durchdenkens bisheriger Wertvorstellungen überzeugt sein.

Die Suche nach einer durch den Vater verkörperten Moral, die alles entschuldigt, was im Namen der patriarchalischen Herrschaft geschieht, hat bei beiden Geschlechtern nachgelassen. Es bilden sich heute Gruppen, zu denen die Frauenbewegung, die Friedensbewegung, Bürgerinitiativen, manche Teile der Grünen gehören, die nach neuen Paradigmata suchen, sich um neue Problemlösungen bemühen, die aus der gefährlichen Sackgasse herausführen, in der sich die Supermächte bis vor kurzem mit ihrer wahnhaften Aufrüstungspolitik verrannt hatten. Es ist unübersehbar, daß als Voraussetzung für neue Beispiele des Zusammenlebens, um die sich jetzt auch zahlreiche Zeitgenossen in der UdSSR und in der DDR bemühen, eine kritische Durchleuchtung bisheriger Werte, Ideale und Vorbilder angesehen werden muß, die mit geschlechtsspezifischen Rollenvorstellungen eng verbunden sind.

Eine Identifikation mit dem nicht idealisierten »Mutterbild« beispielsweise, wenn damit die Fähigkeit gemeint ist, seine Gefühle nicht abwehren zu müssen, sich in Schwächere oder Andersdenkende einzufühlen, sie zu beschützen, anstatt sie zu verachten und zu verfolgen, kann neue Werte schaffen, an denen sich zu orientieren auch Männern gut anstehen würde. Eine bloße Idealisierung der »Mütterlichkeit« dient hingegen nur der Abwehr. Damit soll das traditionelle »Arrangement der Geschlechterrollen«, sollen die alten Rollenbilder wie weibliche Selbstaufopferung zugunsten männlicher Egozentrik verewigt werden.

Ich bin davon überzeugt, daß nur Selbstfindung und Selbstbehauptung es den Frauen ermöglicht, der von falschem Denken bedrohten Welt menschlichere Werte entgegenzusetzen. In diesen folgenreichen Auseinandersetzungen sollten wir Frauen uns aber davor hüten, uns ausschließlich als Opfer zu fühlen.

Nicht nur die Außenwelt, auch die Innenwelt hindert Frauen am selbständigen Denken und Handeln. Die auf Perfektionismus gedrillte, vorwurfsvolle, Schmerz und Mißerfolg abwehrende, Dankbarkeit und Anpassung fordernde Erziehung, der wir alle mehr oder weniger unterworfen sind, läßt falsche Schuldgefühle in uns entstehen, wenn wir uns dagegen zu wehren versuchen. Sie gelten dann den idealisierten Eltern wie anderen Vorbildfiguren, dem Ehemann oder auch den Kindern, deren Wünsche wir nicht vollständig genug erfüllen oder denen wir im Grunde zwiespältige Gefühle entgegenbringen; oft gelten sie auch dem eigenen, an überhöhten Forderungen erstarrten Selbstideal, dem wir nicht zu entsprechen vermögen.

Seltener empfinden wir Schuldgefühle dort, wo sie angebracht wären, nämlich bei den Opfern unserer Projektionen, die als Folge unserer falschen Ideale und Werte oder unserer Kälte und Gleichgültigkeit verfemt, erniedrigt oder verfolgt werden. Ein neues, mit traditionellen Wert- und Rollenvorstellungen kritisch umgehendes Denken kann uns auch daran hindern, unsinnigen Schuldgefühlen ausgeliefert zu sein. Indem wir lernen, uns von perfektionistischen Weiblichkeitspostulaten zu befreien, lernen wir, unsere Werte auf ihre Menschlichkeit und unsere Rollen auf ihren Sinn und Zweck hin zu überprüfen. Es geht dabei um ein Denken, das Gleichberechtigung voraussetzt und das sich um eine mitmenschliche Orientierung bemüht. Dann entwickeln sich nur dort Schuldgefühle, wo diese menschliche Ebene verletzt wurde.

So wie es falsche und durch unrechtes Verhalten gerechtfertigte Schuldgefühle gibt, muß auch ein falscher von einem klarsichtig machenden Haß unterschieden werden. Unmenschliche Haltungen und Handlungen sollten wir hassen, um sie bekämpfen zu können. Einen Haß aber, der auf Projektionen eigener Aggressionen beruht, auf falschen Idealen, die zur Verzerrung des

Menschenbildes und zur Verfolgung von Andersdenkenden, anderen »Rassen« oder Minderheiten führt, sollten wir mit allen Mitteln der selbstkritischen Auseinandersetzung und der öffentlichen Aufklärung bekämpfen. Unser kritischer Umgang mit uns selbst und mit unserer Erziehung ermöglicht es uns, berechtigte von unberechtigten Schuldgefühlen, dumpfen von manchmal notwendigem Haß zu unterscheiden, d. h. zu erkennen, welche Gefühle wann berechtigt sind und welche Werte und Ideale Menschlichkeit, welche aber letztlich Unmenschlichkeit unterstützen.

Der Frauenverachtung liegt oft ein Haß zugrunde, der unbewußten Motiven entspringt. Ursprünglich pflegt er der enttäuschenden Mutter zu gelten, von der in der frühen Kindheit bei unserer Art der einseitigen Versorgungsübernahme jeder – Mann wie Frau – völlig abhängig ist. Allzu große Abhängigkeit, die sich nicht zumindest auf zwei Personen verteilen läßt, wird immer vielfältige Enttäuschungen und einen entsprechenden Haß hervorrufen. Wenn die Abhängigkeit halbiert wird, wenn der Vater die Versorgung der kleinen Kinder mit der Mutter teilt, wird auch der von Enttäuschungen hervorgerufene Haß auf zwei Personen verteilt werden können und weniger Angst erregen. Damit hätten wir ein neues, Haßgefühl, Frauenverachtung und Generationskonflikte möglicherweise milderndes Vorbild für Mann wie Frau gefunden. Indem der Vater sich von Geburt an für die Kinder genauso verantwortlich fühlt wie die Mutter, genauso geduldig mit ihnen umzugehen lernt wie sie, ohne Perfektionismus von sich selber zu fordern, wird er auch die Welt der Schwachen und Hilflosen besser verstehen lernen und deren Gefühle wie auch die eigenen ernster nehmen. Das könnte das gesamte soziale Gefüge unserer Gesellschaft grundlegend verändern.

Dennoch, Konflikte wird und muß es immer geben, auch unter Frauen. Solidarität sollte nicht mit Konfliktscheu verwechselt werden. In der neuen Frauenbewegung finden wir unterschiedliche Einstellungen, Philosophien und Erklärungsmuster, die einander oft befehden. Warum auch nicht? So entwickelt sich mit der Zeit – wie ich hoffe – eine Streitkultur, die uns bisher gefehlt hat. Aber nur mit Hilfe der Bewußtmachung, mit Hilfe eines neuen und kritischen Denkens, können Frauen ihr Verhalten ändern, ihre Wünsche und die ihnen zukommende Selbstbehauptung entdecken. Dadurch lernen sie auch, Verantwortung für die eigenen Aggressionen zu übernehmen, was zu deren Kultivierung beiträgt.

Mit der kritischen Selbstwahrnehmung erkennen Frauen oft, daß sie sich offen oder verdeckt der Aggressionen und Rivalitäten ihrer Männer erfreuen können, deren Sündenbocksuche teilen, ja, in untergründigen Hetzaktionen diese manchmal zu Vorurteilen und Gewaltaktionen anspornen. An der Kriegsbegeisterung, an der »Führerverliebtheit« nahmen Frauen nicht weniger teil als Männer.

Die gesellschaftstypische Haltung der Frau, die sich nicht kritisch gegenüber den bestehenden Wertvorstellungen verhalten kann, trägt zu solchen unglücklichen Entwicklungen bei. Einerseits idealisiert eine solche Frau, die sich mit den Rollenvorstellungen ihrer Gesellschaft identifiziert, alles Männliche und überläßt dem Mann die gesellschaftlichen Machtpositionen, andererseits erlaubt sie ihm innerhalb der Familie Regressionen auf kindlich-egoistische Bedürfnisse, für die sie ihn gleichzeitig verachtet. Elterliche Verhaltensweisen dieser Art, die sich am »alten Denken« und den traditionellen Rollenzuweisungen orientieren, stellen für Kinder und Jugendliche verwirrende Vorbilder dar, die für die Rat- und Richtungslosigkeit, die Unselbständigkeit mitverantwortlich sind, über die sich zahlreiche junge und nicht nur junge Menschen beklagen.

Wenn Frauen die Verantwortung für sich selbst übernehmen, werden sie fähig, selbständig zu denken und die gängigen Vorurteile und gefährlichen Zwangsvorstellungen zu durchschauen. Das ruft bei Männern, die sich in ihrer festgefahrenen Selbsteinschätzung bedroht fühlen, oft erhebliche Aggressionen hervor. Um diesen entgegenzutreten und an ihrem neuen Denken festzuhalten, brauchen Frauen Mut und Selbstbehauptung. Das ist letztlich auch für Männer von großem Vorteil, denn es hilft ihnen, erwachsen zu werden.

Ist also das neue Denken weiblich? Sicherlich, wenn wir unter Weiblichkeit die Einfühlung in den Andersdenkenden verstehen, und nicht seine Verteufelung, und wenn wir hoffen können, daß weibliches Denken »Sachzwänge«, die unseren Globus zu zerstören drohen, als Rationalisierungen durchschaut. Dann bekäme Paul Eluard recht, der erklärte: »La femme est l'avenir de l'homme.« Die Frau ist die Zukunft des Mannes.

7. Die Angst der Frauen vor Liebesverlust

Wer hätte keine Angst vor Liebesverlust? Sich diese Angst einzugestehen, sie bewußt zu empfinden, liegt Frauen näher als Männern. Warum ist das so? Darüber hat sich Freud in vielen seiner Arbeiten Gedanken gemacht. Ich fasse seine Gedanken noch einmal zusammen. Dabei muß ich der Leserin Wiederholungen zumuten.

Freud kommt zu dem Schluß, daß die Frau ein »schwaches« Überich entwickele, da sie weniger unter Kastrationsangst zu leiden habe als der Mann und deswegen keine vergleichbare seelische Nötigung erlebe, die Verbote der Eltern, besonders des Vaters, zu verinnerlichen. »Diese Veränderungen (nämlich die Errichtung des Überichs beim Mädchen; M. M.) scheint weit eher als beim Knaben Erfolg der Erziehung, der äußeren Einschüchterung zu sein, die mit dem Verlust des Geliebtwerdens droht« (S. Freud, GW XIII, S. 401).

Wenn beim Mädchen also Angst vor Liebesverlust das zentrale Motiv bildet, aus dem heraus es die Gebote der Eltern verinnerlicht, kann man annehmen, daß diese verinnerlichten Gebote auch unmittelbar mit den Personen in Zusammenhang stehen, auf deren Liebe es um keinen Preis verzichten kann. Sein »schwaches Überich« orientiert sich demnach an Menschen, deren liebevolle Gefühle es für sich unbedingt erhalten muß und die es verstehen möchte. Das Überich des Mädchens ist also nicht auf gesetzestreue Einhaltung von Ver- und Geboten um ihrer selbst willen ausgerichtet, wie das bei Männern oft der Fall zu sein scheint, sondern an der es umgebenden mitmenschlichen Wirklichkeit. Mit anderen Worten:

Wenn Männer sich an Gesetzen orientieren – oft ohne nach deren Sinn und Inhalt zu fragen –, machen Frauen ihre »Moral« von der Beziehung zu den von ihnen geliebten und benötigten Menschen abhängig. Das kann natürlich auch dazu führen, daß Aggressionen diesen Menschen gegenüber unterdrückt und gegen das eigene Ich gewendet werden. Wenn ein solcher seelischer Vorgang mit Lust verbunden ist, haben wir es mit einem von Freud als typisch weiblich bezeichneten Masochismus zu tun.

Unter Kastrationsangst, die beim erwachsenen Mann häufig mit Angst vor Impotenz verbunden ist, verstehen wir Gefühle, die sich auf die eigene Person und die Beschädigung des eigenen Körpers beziehen – eine Angst also, die sich als narzißtisch bezeichnen läßt. Bei der Angst vor Liebesverlust bleiben hingegen die Beziehungen zu den mitmenschlichen Objekten von größter Bedeutung. Diese Bezogenheit der Frau auf andere Menschen macht es ihr möglich, ein weniger rigides, weniger gefühlsabwehrendes Überich aufzubauen als der Mann. Man kann deswegen mit Fug und Recht behaupten, daß bei einer solchen Entwicklung die »Moral« einer Frau liebevoller und humaner sein kann als beim Mann, ihr Überich also kein »schwaches« ist, sondern ein anderes, das aufgrund ihrer Angst vor Liebesverlust von Einfühlung und Sorge wie natürlich auch von Abhängigkeit zu den Menschen ihrer Umgebung geprägt ist.

Von Männern wird gefordert, daß sie keine »Muttersöhnchen« sind, daß sie ihre Gefühle und Abhängigkeiten von ihrer Mutter, später auch von ihrer Frau so weit wie möglich überwinden oder sie doch zumindest vor sich und anderen verleugnen. Das treibt sie dazu, sich emotionale Positionen zu erringen, die sie möglichst immun machen gegen Liebesverlust: Sie lassen Vorsicht walten, um Verluste von vornherein zu vermeiden oder – falls solche dennoch drohen – sie möglichst sofort durch andere Liebesobjekte zu ersetzen. Männer werden deswegen im allgemeinen darum bemüht sein, sich die notwendige Liebe, wenn nicht hier, dann eben dort zu besorgen, um keiner emotionalen Hilflosigkeit ausgesetzt zu sein. Als Söhne in der Gesellschaft höher bewertet als Töchter, werden sie auch von ihren Müttern meist entsprechend hoch geschätzt, wie auch vom Vater, wenn sie sich ihm fügen, in seine Fußstapfen treten und seine Gebote und »Werte« verinnerlichen.

Was sind nun diese »Werte« des Vaters? Zum Beispiel Gehorsam, Ordnung, Gefühlsabwehr, Durchsetzungsfähigkeit, Härte, Erfolg, hierarchisches und »rationales« Denken, starkes Selbstwertgefühl – um nur einige der in unserer Gesellschaft vertretenen männlichen »Tugenden« zu nennen. Ein Mann muß eben ein »Mann« sein, kein Pantoffelheld, kein Versager in der Gesellschaft. Er muß sich den gesellschaftlich vertretenen Vorurteilen und Projekten anpassen. Wer an Mutters Rockzipfel hängt, hat sich als Mann aufgegeben. Ein kleiner Tyrann dagegen, als Sohn oder auch als Vater, tut seinem männlichen Image keinen Abbruch, weswegen er diese Rolle denn auch oft ungebrochen bis an sein Lebensende aufrechterhält.

Eine Frau zwingt die Angst vor Liebesverlust, sich an die weiblichen Rollenanweisungen zu halten, Einfühlungsfähigkeit, Opfer- und Hilfsbereitschaft, Sanftmut und Güte, Mütterlichkeit und Liebe für die Schwachen zu entwickeln – natürlich nur dann, wenn es sich nicht um Minderheiten handelt, die von der Männergesellschaft abgelehnt oder als Sündenböcke behandelt werden. Darüber hinaus wird von einer Frau gefordert, immer schön, jung und attraktiv zu sein, da das den narzißtischen und beruflichen Wert ihres Ehemannes oder Geliebten außerordentlich steigert.

Wenn auch die Skala der weiblichen »Werte« sicherlich weit sympathischer ist als die der männlichen, so verbindet sich doch mit ihr leider allzuoft eine unkritische Bereitschaft der Frauen zur Anpassung an männliche Wertvorstellungen. Die Stereotypien von weiblichen wie auch männlichen Rollenbildern und Werten werden dann sozusagen von ihr einverleibt. Beim Mann geht die

Angst vor Liebesverlust in der Angst vor körperlicher oder gesellschaftlicher Zerstörung unter, die ihn dazu motiviert, die väterlichen Erziehungsnormen und gesellschaftlichen Wertvorstellungen zu verinnerlichen und Gehorsam und Gesetzestreue als »Moral« zu idealisieren.

Mann wie Frau sind also Opfer einer geschlechtsspezifischen Sozialisation und der damit verbundenen Ängste und ihrer Folgen. Frauen in ihrer Abhängigkeit vom Geliebtwerden neigen zu Schuldgefühlen und zur Leidensbereitschaft, zu übermäßig gefühlsbezogenen oder auch vorwurfsvollen Haltungen, während von Männern das Gegenteil, nämlich aggressive Selbstbehauptung und Gefühlsabwehr, gefordert wird.

Die ursprünglich dem Vater geltende angsterregende, dann verinnerlichte, gegen das eigene Ich gerichtete Aggression des Knaben muß aber, um nicht zur Selbstschädigung zu führen, wieder nach außen projiziert werden. Deswegen brauchen Männer Sündenböcke oder auch Rivalen, auf die sie ihre Aggressionen und Vergeltungsphantasien möglichst schuld- und angstfrei verschieben und an denen sie sie ausleben können. Liebevolle Rücksicht und Einfühlung in den Nächsten, im Christentum gepredigt, aber niemals verwirklicht, werden familiär gefordert, sind aber in der Männergesellschaft in keiner Weise angebracht. Dort muß »Mann« ein typisch »männliches Verhalten« zeigen, hinter dem natürlich zahlreiche Ängste lauern, nicht nur die Angst vor Vergeltung oder die vor Impotenz. Männer reagieren auf ihre Abhängigkeit von Frauen mit Haß, und die Aufkündigung der Mütterlichkeit erzeugt bei ihnen ohnmächtige Angst und Wut, weil sie dadurch mit einer Hilflosigkeit konfrontiert werden, die ihnen das Ende ihrer »Männlichkeit« ankündigt.

Mit der Angst vor Liebesverlust verbindet sich beim Mann die Angst vor Potenzverlust, bei der Frau die Angst vor dem Alleinsein und der mitmenschlichen Einsamkeit. Gegen diese Ängste bauen beide Geschlechter spezifische Abwehrmechanismen auf.

Um einige für Frauen typische Reaktionen auf Verlustängste zu schildern, gehe ich auf ein Krankheitsbild ein, das ich als »Hoffnungskrankheit« bezeichnen möchte. Ein Beispiel: Obwohl berufstätig wie auch fähig zu eigenständigem Denken, vermochte sich Hanna von der Beziehung zu ihrem Mann – lange nach der Trennung von ihm – nicht zu lösen. Sie hielt daran fest, daß sie für diesen Mann die einzig richtige Frau, er für sie der einzig richtige Mann sei.

Ihr Mann aber lebte schon seit vielen Jahren mit einer anderen Frau zusammen, in einer offensichtlich engen gegenseitigen Beziehung. Es stellte sich die Frage: Sollte ich als Therapeutin dieser Frau ihre Hoffnung nicht lassen, auch wenn aller Wahrscheinlichkeit nach keine Aussicht auf Erfüllung bestand? Diese Hoffnung konnte ihr doch seelisch eine Stütze sein, ihr eine gewisse Lebenszuversicht vermitteln. Wem schadete das, ihr konnte es doch möglicherweise nur nutzen? Ist das so oder ist das nicht so? Ich meine, nein, denn in dem von mir skizzierten Fall war die »Hoffnungskrankheit«, wie das so häufig der Fall ist, mit der Unfähigkeit verbunden, andere tiefergehende Beziehungen einzugehen. Darüber hinaus bestand ein relatives Desinteresse an den sie umgebenden Menschen, wie zum Beispiel an ihrer Tochter und deren Kindern.

Ein ähnliches Verhalten beobachten wir in Stadien der akuten Trauer, in der die Trauernden sich ununterbrochen mit den Verlorenen beschäftigen. Ihre Libido ist wie beim akut Verliebten – Anna Freud hat das einmal eindrucksvoll geschildert – so fest an die Objekte ihrer Sehnsucht gebunden, daß kein anderer Mensch, kein anderes Interesse sie tiefer zu berühren vermag. Solche Menschen sind für ihre Umwelt quasi verloren. Verliebte und akut Trauernde sollte man deswegen auch nicht in eine analytische Behandlung nehmen, lautet der Ratschlag erfahrener Psychoanalytiker und Psychoanalytikerinnen. Erst wenn eine Lockerung der libidinösen Verbindungen eintritt, wenn der Trauer- und Trennungsprozeß fortschreitet oder die Verliebtheit ihren Totalitätscharakter verliert, besteht die Möglichkeit, daß Trauernde und Verliebte eine Beziehung zu ihren Therapeuten aufnehmen können, die so tief geht, daß ein analytischer seelischer Prozeß möglich wird.

Warum aber ist eine intensivere Beziehung zum Therapeuten oder zur Therapeutin für einen solchen Prozeß überhaupt notwendig? Ablösungsarbeit – ich beziehe mich jetzt vor allem auf Trauer und Trennung – besteht ja nicht nur darin, sich mit den vergangenen und den gegenwärtigen Gefühlen und Erinnerungen auseinanderzusetzen, um langsam, ohne allzuviel Verdrängung und Verleugnung oder auch Idealisierung, von der Vergangenheit Abschied zu nehmen. Diese innere Arbeit dient ja auch dazu, das zeitweilig verlorene Interesse an anderen Menschen und Ideen wiederherzustellen und mit deren Hilfe neue Beziehungen aufzunehmen. Dabei geht es nicht nur darum, sich wieder für andere Menschen zu interessieren, sondern auch darum, sich dem eigenen Selbst, dem eigenen Denken wieder zuzuwenden.

Die Alternative zur nicht geleisteten Trauer- und Ablösungsarbeit ist die Erstarrung, der frühzeitige geistig-seelische Stillstand, der Verlust von einem Leben *in der* Zeit, von innerer und äußerer Entwicklung. Jede intensivere Beziehungsaufnahme dagegen macht aus einem Menschen etwas, was er vorher nicht war. Damit soll nicht gesagt sein, daß das Eingehen einer neuen Beziehung das Selbst eines Menschen änderte, daß er damit seine bisherige Identität aufgäbe oder seine Erinnerungen verlöre, sondern damit ist nur gemeint, daß durch ein Sich-Einlassen auf eine tiefergehende emotionale und geistige Beziehung etwas Neues, etwas bisher nicht Existentes im Denken und Erleben eines Menschen entsteht. Das trifft für das tägliche Leben genauso zu wie für den therapeutisch-analytischen Prozeß, wenn auch auf eine unterschiedliche Weise, denn die Analyse hat mit dem realen Leben des Analysanden und des / der Analytikers / erin nur indirekt etwas zu tun. In ihm vollzieht sich eine geistig-seelische und intellektuelle Durcharbeitung einer intensiven Beziehung, um die ihr innewohnenden Wiederholungstendenzen zu erkennen und sich – wenn möglich – von ihnen zu befreien.

Ohne eine intensive Übertragungsbeziehung mag sich in der Analyse manches an Aufklärung, an Bewußtwerdung ergeben, aber die Auseinandersetzung mit der ungenügend besetzten Person des Analytikers oder der Analytikerin bleibt oberflächlich – und damit fehlt es auch dem analytischen Prozeß an Lebendigkeit. Beispielsweise finden dann Verinnerlichungen der analytischen Beziehung und Erfahrung und deren Mischungen mit bestehenden seelischen Inhalten und Einstellungen kaum statt, es wird, wenn man so will, eben kein »neuer Mensch« geboren, mag diese Formulierung auch reichlich hochgegriffen und pathetisch klingen. Aber dieser Prozeß der Verinnerlichungen und der Durcharbeitung solcher Verinnerlichungen ist in gewisser Weise einer Geburt vergleichbar, denn er ist die Vorbedingung für das, was in der Psychoanalyse die »unendliche Analyse« genannt wird. Damit ist gemeint, daß im Analysanden ein Potential entsteht, das Offenheit für neue Erfahrungen und Denkweisen, neue Wahrnehmungen von sich und anderen ermöglicht und den nachdenkenden Umgang mit den eigenen inneren und äußeren Vorgängen für immer am Leben hält.

Diese Art der Übertragung, ihre Analyse und deren Folgen sind unabhängig von der Dauer des analytischen Prozesses, sie können sich einstellen bei kurzem, aber intensivem Kontakt, sie können sich erst nach längerer Zeit anbahnen oder überhaupt nicht.

Verliebte oder akut Trauernde sind also libidinös so an das geliebte oder verlorene Objekt gebunden, daß keine Kraft für andere Beziehungen vorhanden ist. Auch mit »Hoffnungskranken«, die an einer übergroßen, ihnen oft selbst nicht bewußten Angst vor Liebesverlust leiden, ist eine Ablösungsarbeit und dadurch auch ein zu neuen Einsichten und Verhaltensweisen führender seelischer Prozeß manchmal unmöglich. Natürlich trifft das bei diesen Kranken nicht nur für den therapeutischen Prozeß und seine komplexe analytische Bearbeitung zu, sondern »Hoffnungskranke« sind auch im täglichen Leben für jeden Versuch einer neuen menschlichen Beziehungsaufnahme unzugänglich. Die tiefsitzende Angst vor Liebesverlust macht unfähig zu einem produktiven und dauerhaften seelischen Wandlungsprozeß.

Wie wir wissen, wird diese Angst bei Frauen in einer von typisch männlichen Wertvorstellungen beherrschten Gesellschaft gefördert und führt zu einer Anpassungsbereitschaft, die das Denken und Verhalten eines Menschen frühzeitig einengt. Seine Neigung, an bestehenden oder bereits verlorenen, im Grunde schon überholten Beziehungen und Denkweisen festzuhalten, wird dadurch unterstützt. Eine zu geringe Angst vor Liebesverlust wiederum, ihre Verleugnung und Verdrängung, oder eine Erziehung, die auf Werte zurückgreift, die narzißtische Selbstbezogenheit, Erfolg, Gefühlsunterdrückung als Voraussetzung für Anerkennung vermittelt, verhindert ihrerseits, daß Beziehungen von größerer Tiefe und Intensität überhaupt entstehen können, die wiederum unabdingbar sind für die Herstellung einer dauerhaften psychischen Lebendigkeit und Offenheit. Der erstgenannte Zustand ist natürlich typisch für eine gesellschaftliche, vom Biologischen verstärkte Entwicklung der Frau, der letztere trifft auf das kulturell erwünschte Image des Mannes zu. Daß es jenseits einer solchen Typisierung auch zahllose individuelle Unterschiede zwischen Männern und Frauen gibt, bedarf keiner Erwähnung.

Lassen Sie mich diese allgemeinen und individuellen Erkenntnisse noch etwas weiter ausführen. Wenn ich als Psychoanalytikerin für eine Trauerarbeit plädiere, möchte ich versuchen, einen Prozeß des Abschiednehmens einzuleiten, den Patienten zu bewegen, sich mit den durch Trennung oder Tod verlorenen Beziehungen auseinanderzusetzen, sie – soweit es geht – zu verinnerlichen und neue seelische Umgangsformen mit den so verinnerlichten Erfahrungen und Leiden zu entwickeln oder sich von ihnen zu lösen. Denn die Konfrontation mit der Realität ist nicht nur ein Hoffnungsverlust, sondern auch ein Zuwachs an Erfahrung und Wissen. Deswegen möchte ich meinen Patientinnen helfen, aus ihrer »Hoffnungskrankheit« herauszufinden, auch wenn dieser Verlust an Hoffnung zeitweilig mit den größten Schmerzen verbunden ist. Aber wenn die innere Objektwelt nichts mehr mit den äußeren Realitäten zu tun hat, werden wir, ob wir es nun wollen oder nicht, mehr oder weniger beziehungslos; unsere Liebe gilt dann einem Phantom, das Teil unseres eigenen Selbst geworden ist und nur noch wenig mit einem realen Du zu tun hat. Die Zeit ist zum Stillstand gekommen. Nur die Mischung der Beziehung zu einer von uns unterschiedenen Person der Außenwelt mit unserer seelischen Verarbeitung solcher Beziehungen, Personen, Denkweisen kann etwas uns bisher nicht Bekanntes, Neues und anderes in und um uns entstehen lassen. Ich weiß, daß der Rückzug in Phantasien auch hilfreich sein kann, wie auch die Fähigkeit, einer mit allzu großen Schmerzen belasteten äußeren Realität durch eine Veränderung der Vorstellung von ihr zu begegnen. Die Folge ist aber Realitäts- und letztlich Kontaktverlust, zu Menschen wie zu großen Teilen des eigenen Ich.

Ein weiteres Beispiel: Trennung durch Tod ist etwas anderes als Trennung durch Verlassenwerden. Der Tod eines geliebten Menschen kann zu einer Melancholie, zu einer nicht zu beendenden Trauer führen, hinterläßt aber selten die bitteren Gefühle einer narzißtischen Kränkung. Der Selbstwert wird weniger angegriffen als durch Verlassenwerden, auch wenn bei beiden Formen der Trennung melancholische Selbstanklagen das Bild beherrschen können. Die Bitterkeit, die narzißtische Kränkungen auslösen, verbindet sich in manchen Fällen mit der erwähnten »Hoffnungskrankheit«, der Unfähigkeit eben, eine beendete Beziehung als solche zu erkennen. Hinter der »Hoffnungskrankheit« lauert der Haß, mit ihr verbindet sich das Festhalten an narzißtischen Kränkungen, denn in ihr werden innere Wünsche täglich enttäuscht, auch wenn dagegen eine Wahrnehmungssperre aufgebaut wurde.

Es ist bekannt, daß Haß und Sexualität, Libido und Destrudo nur allzu häufig auf das engste verbunden sind. Nur weniges kann so zerstörerisch sein wie die Liebe. Auch Trennung ist etwas Zerstörendes; bei der »Hoffnungskrankheit« ist ein Mensch im Grunde an das Moment einer Trennung fixiert, um sie zugleich zu verleugnen. Wenn Haß größer ist als Liebe, besteht die Gefahr, sich selber zu zerstören. Hoffnung täuscht darüber hinweg, aber hält gleichzeitig das zerstörerische Moment der Trennung, die zerstörte Liebe und den daraus erwachsenen Haß für immer am Leben.

Etwas anderes sind Schmerzen und Kränkungen, die ein Mensch zwar nicht vergessen kann, mit denen und durch die er aber neu zu leben lernt, die sein Selbstwertgefühl und sein Interesse am Nächsten nicht völlig zerstören. Angst vor Liebesverlust, wenn sie uns beherrscht und unsere Anpassungsbereitschaft unendlich werden läßt, macht uns besonders anfällig für Störungen des Selbstwertes. Lob und Bewunderung sind dann eine Notwendigkeit, Kritik wird kaum tragbar. Bei Trennungen zerbricht ein Mensch leicht, der nicht gelernt hat, Liebesverlust zu ertragen und zu verarbeiten. Oder aber er erstarrt in einer »Hoffnungskrankheit«. Muß das aber notwendigerweise so sein, gibt es keine Alternativen? Der Fall einer weiteren »Hoffnungskrankheit« mag die Möglichkeit eines anderen Umgangs mit dieser so typisch weiblichen Reaktion auf drohende oder erlebte Trennungen aufzeigen:

Eine ältere Frau sucht mich auf, weil sie unter ihrer Liebe zu einem jüngeren Mann leidet und fürchtet, in Depressionen zu verfallen. Ihr bisheriger Partner ist im Begriff, sich einer anderen, jüngeren Frau zuzuwenden. Sie hat mit dieser Entwicklung seit langem gerechnet und sie doch nicht wahrhaben wollen, weil sie sich nur schwer vorstellen kann, wie sie ohne diesen Mann ihrem Leben einen Sinn geben könnte.

Ihr Partner schätzt und bewundert sie als Mensch, aber sexuell ist für ihn die Beziehung mehr oder weniger beendet. Für sie wiederum ist es gerade die Sexualität, die ihr eine intensive körperlich-seelische Nähe vermittelt, deren Verlust sie als tödlich erlebt. Ihre Gefühle sind von solch überwältigender Intensität, daß sie ihrer Meinung nach den nicht enden wollenden Kampf um diesen Mann rechtfertigen. Für andere Männer, die sich ihr nähern, kann sie außer Sympathie nichts empfinden. Diese Haltung ist wohl auch für Frauen typischer als für Männer, die dazu neigen, sich schnell nach Ersatz für Verluste umzusehen, um Trennungsschmerzen und Kränkungen abzuwehren und überspielen zu können, die durchzuhalten, zu verarbeiten sie nicht gewöhnt sind. Um panische Angst zu vermeiden, wählen sie dann den ersten Fluchtweg, der sich ihnen bietet.

Meine Patientin hingegen erklärte, sie leide wie ein Tier, bereue aber nichts. Diese Liebe sei für sie trotz aller Not unvermeidbar gewesen. Und obwohl sie weiß, daß ihr nichts anderes übrigbleibt, als aus dieser ihr Leben bestimmenden, wenn auch immer wieder enttäuschenden Liebesbeziehung eine Freundschaft werden zu lassen oder sie zu beenden, kämpft sie weiter. Der vernünftige Teil in ihr stellt sich über lange Zeit gegen denjenigen, der die Hoffnung auf eine Wiederbelebung ihrer Liebe nicht aufgeben kann. Dennoch: die Trennung kam für sie nicht überraschend, sie hatte von Anfang an damit gerechnet.

Warum also diese unerträglichen Schmerzen, dieses Nicht-aufgeben-Können? Auch hier war eine »Hoffnungskrankheit« so virulent am Werk, daß sie sich trotz aller Intelligenz und Bewußtheit dieser Frau offenbar nicht überwinden ließ. Kann eine solche untergründig wuchernde Hoffnung, der keine Realität etwas anhaben kann, dennoch zu einem neuen Denken, zu neuen äußeren und inneren Realitätswahrnehmungen führen? Ich denke, ja. Dieser Frau zumindest gelang es schließlich, ihrer Schmerzen Herr (oder Frau) zu werden und Trauerarbeit zu leisten. Kein strahlender Phönix entstieg der Asche, aber in ihr entstand das Potential für eine »unendliche Analyse«. Durch den dauerhaften Prozeß eines nachdenkenden Umgangs mit den eigenen inneren Vorgängen lernte sie, sich und andere neu wahrzunehmen. Das tödliche Gefühl der Stagnation wich dem einer Offenheit für neue Erfahrungen. Schmerz und Traurigkeit verschwanden deswegen natürlich nicht aus ihrem Leben, aber diese Gefühle verschlossen für sie nicht mehr die Tore zur Welt, ließen sie nicht aus der Zeit herausfallen.

Ein typisches Frauenschicksal scheint mir auch Monika Weimar zu verkörpern, die des Mordes an ihren beiden Kindern angeklagt wurde. In einem Bericht von G. Mauz (1987) über den Prozeß hieß es: »Für die Spezies Mann wird in dieser Hauptverhandlung nicht geworben. Monika Weimar... befand sich... in einer bedrückenden, bedrängten Lebenssituation.« Das alles ist gewiß wahr, denn Frau Weimar hatte einen stumpfen, liebes- und gefühlsunfähigen Mann, den sie nicht loswerden konnte, und einen Liebhaber, dessen ganzes Interesse offenbar nur um sich selbst kreiste, der die Kränkung, die ihm seine erste untreue Frau zugefügt hatte, mit Hilfe der Liebe anderer Frauen aus der Welt schaffen wollte. Ihm ging es nur darum, seinen verletzten Stolz wiederaufzurichten. Auch er war offenbar zur Liebe völlig unfähig. Typisch Mann also? Einer wehrt Gefühle überhaupt ab, der andere dreht sich narzißtisch um die eigene Männlichkeit; eine Frau ließ sich bei dem Geliebten von Monika Weimar durch eine andere schnell ersetzen, da es ihm vor allem darum geht, dem eigenen, verletzten Narzißmus Nahrung zu geben und seelische Schmerzen zu betäuben.

Unter dem Bild der Monika Weimar war zu lesen: »Ein Gesicht, dem man immer mehr die Last dieses Strafverfahrens ansieht« (ebd.). Unter dem Foto stand nicht, was sicher zutreffender gewesen wäre: Ein Gesicht, dem man das Leid ansieht, das ihr liebesunfähige Männer und der entsetzliche Tod ihrer Kinder angetan haben, wer immer auch den Mord an ihnen begangen haben mag. Eine Frau, wenn sie zu solcher Tat fähig gewesen sein sollte, muß sich in äußerster Verzweiflung befunden haben.

Aber müssen wir nicht alle notgedrungen Abwehrmechanismen gegen Liebesverlust aufbauen? Sicherlich gehört es zu den schwierigsten seelischen Aufgaben überhaupt, Trennungen ertragen zu lernen. Nur, Männer und Frauen gehen damit denkbar unterschiedlich um. Ich möchte das noch einmal an dem Beispiel einer Frau verdeutlichen.

Iris leidet unter der Entfremdung von ihrem Mann. In ihrem Leben spielte die Angst vor Liebesverlust eine zentrale Rolle. Im Laufe der Behandlung machte sie mir wiederholt den Vorwurf, daß ich einer Frau den Mann weggenommen hätte. Dieser Vorwurf tauchte in ganz bestimmten Analysesituationen stets erneut auf. Sie berichtet, daß ihr Mann sich von ihr zurückgezogen habe. Sie meint, eine jüngere Frau sei schuld an dieser Situation. Ich bin für sie nun die »andere« Frau, die sie stellvertretend für diese angreifen kann. Obwohl sie mir in einer anderen Stunde vermittelt, daß sie sich wohler zu fühlen beginnt, erhebt sie den alten Vorwurf von neuem. In gemeinsamen Unternehmungen und Gesprächen mit ihrem Mann hat sie ein Stück ihres Selbstwertes wiedergewonnen. Sie erlebt auch manchen ihrer Kollegen oder ihrer Kolleginnen gegenüber ein Gefühl intellektueller Überlegenheit, das ihr guttut. Auch mir gegenüber fühlt sie sich überlegen, vor allem wenn sie daran denkt, daß ich um viele Jahre älter bin als sie. Bisher hat sie mich ähnlich erlebt wie in der Kindheit ihre Mutter, nämlich als unangreifbar überlegen. Aber, so fügt sie hinzu, Frauen über fünfzig, die keine Kinder mehr bekommen können, seien doch nun einmal wertlos. Männer hingegen könnten siebzig und mehr sein und bekämen immer noch Frauen und eventuell sogar noch Kinder.

Dennoch käme sie nicht darüber hinweg, daß ich einer Frau den Mann genommen hätte. Immer wieder müsse sie sich überlegen, wie ich wohl diesen Triumph ausgekostet hätte. Ich sage ihr: »Sie sehen mich als die Siegerin, voller Triumph gegenüber der Unterlegenen. Sie werfen mir vor, was Sie so gern selber getan hätten und nicht zu tun wagten. Deshalb müssen Sie mir auch sagen, daß mich als alter Frau die verdiente Rache des Schicksals ereilt hat. Indem Sie sich selber, die um vieles jüngere, als alte Frau bezeichnen, sich jeden Wert absprechen, feststellen, daß eine Frau, die keine Kinder mehr bekommen kann, auf den Müll gehört, erleben endlich *Sie* die mir zugesprochene triumphale Lust mir, der Älteren, gegenüber.«

Es war atmosphärisch mit den Händen zu greifen, daß ihre so

häufig auftretende selbstzerstörende Entwertung der eigenen Weiblichkeit in diesem Augenblick eindeutig mir galt und daß sie die Entwertung meiner Person genoß. Natürlich lag dahinter auch der Haß auf die Mutter, von der sie sich in Kindheit und Jugend als Mädchen wenig akzeptiert gefühlt hatte und von deren Liebe und Zuwendung sie doch gleichzeitig so abhängig gewesen war. Der Versuch, ihrer Mutter den geliebten Vater wegzunehmen, was ihr Herzenswunsch gewesen war, den sie sich aber lange nicht eingestehen durfte, stieß bei der Mutter nur auf Unglauben. Ihre Mutter hatte ihr stets das Gefühl vermittelt, dick und dumm, keine ernst zu nehmende Rivalin zu sein. Voller Haß, aber resigniert, paßte sie sich nun den Wertvorstellungen der Mutter und der sie umgebenden Gesellschaft an und ließ sich überzeugen, daß eine Frau nur so lange einen Wert hat, wie sie ihre biologischen Funktionen erfüllen oder mit Jugend und Schönheit einen Mann verführen kann. Als die Mutter älter wurde, hatte sie es sich allerdings nicht nehmen lassen, diese »Werte« oder Entwertungen auf die Mutter selbst anzuwenden – wenn auch nur im geheimen, denn sie fürchtete immer noch deren Rache.

Mir tat sie die höchste Ehre an, wenn man so will, indem sie mir zutraute, ihren aggressiven Vorwürfen und Entwertungen standhalten zu können, ohne mich dafür rächen zu müssen. Das befreite sie ein Stück weit von infantilen Ängsten und der selbstentwertenden Haltung ihrem Mann gegenüber, einer Haltung, die in ihr untergründige Aggressionen von einer so mörderischen Qualität mobilisierte, daß sie sie nicht in angemessener Form nach außen, sondern bisher nur gegen sich selbst zu wenden vermochte.

Diese biologische Bewertung einer Frau, die deren Wert nur in ihrer Fortpflanzungsfähigkeit, Jugend und sexuellen Attraktivität entdeckt, ist keineswegs nur eine typische Haltung, die meine Generation im »Dritten Reich« als selbstverständlich erlebt hat. Ob eine Frau wie ein Mann als Mensch anzusehen sei oder nicht, ist bekanntlich in den christlichen Theologien wiederholt diskutiert worden, in zahlreichen Ideologien und Religionen, in Philosophie und Literatur ist dies bis heute eine Frage, die weitgehend zuungunsten der Frau beantwortet wurde. Aber Frauen haben das ihrige dazu getan, daß diese Frage bisher nicht als erledigt aus der Welt geschafft wurde. Viele, allzu viele von ihnen haben sich dem Lernprozeß des Abschiednehmens von männlichen und weiblichen »Tugenden« oder besser Untugenden nicht konfrontiert. In ihrer Angst vor Liebesverlust und der aus ihr geborenen Anpassungsbereitschaft haben sie sich nur ungenügend von der männlichen Welt der Werte distanziert, obwohl diese Welt, für jeden sichtbar, uns destruktive Aggressionen ohne Maß und Ende und trostlose Denk- und Gefühlseinschränkungen gebracht hat.

8. Psychoanalyse als Aufklärung – nur für Männer?

Ich werde mich in diesem Kapitel nur oberflächlich auf die allgemeine Frage einlassen, was Aufklärung denn nun eigentlich sei – wann und womit sie sich selber Grenzen setzt, indem sie aufhört, sich über sich selber aufzuklären, ihre Dialektik zu erkennen, oder welche Form der permanenten Reflexion es verhindert, daß Wissen zur Ideologie erstarrt.

Meine Aufgabe sehe ich vielmehr darin, psychoanalytische Weiblichkeitstheorien zu untersuchen und so besser zu verstehen, wann und wo die Psychoanalyse als Aufklärung über das Unbewußte aufhört, sich selber zu analysieren, sich selber dem freien Einfall, d.h. dem eigenen Vorbewußten und Verdrängten auszusetzen.

»Kritische Sozialforschung hat es mit lebensbedrohlichen Rätseln, Sphinx-Rätseln zu tun... Das mythische Vorbild aller Rätsellöser aber ist Ödipus, der das ihm aufgegebene Rätsel der Sphinx intuitiv (oder ›hermeneutisch‹), das des Laios-Mordes hingegen ›detektivisch‹ löste. Im Grunde handelte es sich nur um zwei Versionen ein und desselben Rätsels: Die Konfrontation mit der Sphinx (und ihrer Frage) lief ebenso wie die Suche nach dem Laios-Mörder auf eine Selbstbegegnung hinaus. Ödipus... ist ineins der klassische bewußtlose Täter und Durchbrecher der über ihn verhängten Bewußtlosigkeit: der erste ›Kritiker‹« (Dahmer, 1989, S. 36f.).

Aber der Rätsellöser Ödipus ist ein Mann, und der Ödipuskomplex, der von Freud als Kernkomplex der Neurosen bezeichnet wurde, läßt sich nur auf die männliche Entwicklung anwenden, was schon Freud erkannte: »Die schicksalhafte Beziehung von gleichzeitiger Liebe zu dem einen und Rivalitätshaß gegen den anderen Elternteil stellt sich nur für das männliche Kind her« (GW IV, S. 521). Für Freud blieb die Weiblichkeit ein »dark continent«, auch nachdem er den präödipalen Einfluß der Mutter auf die psychosexuelle Entwicklung der Frau erkannt hatte. Seine Frage: »Was will das Weib?« (Jones, 1955, S. 493) richtete er, so meine ich, auch an sich selber: »Was will das Weib – in mir?« Darauf bin ich bereits weiter oben eingegangen.

Die Ödipussage läßt sich von Mann und Frau unterschiedlich interpretieren, desgleichen die Lösung des Sphinxrätsels, denn die Konfrontation mit der Sphinx (und ihrer Frage) lief auf eine Selbstbegegnung hinaus, d. h., Ödipus begegnet sich, dem Mann, in der Frage der Sphinx.

Die Lösung des Ödipuskomplexes gibt, von den verschiedensten Blickpunkten her gesehen, deswegen als symbolische Darstellung der weiblichen Triebentwicklung und als ein Prozeß weiblicher Selbstfindung nur wenig her. Die Überwindung dieses Konfliktes zwischen Begehren, Angst und Haß durch die Verinnerlichung väterlicher Gebote und Funktionen und die Symbolisierung des Vaters stellten eine Art »Tötung« des äußeren Vaters dar. Diese Art der Konfliktlösung läßt sich, wie die Leserin und der Leser wissen, nur für den von Kastrationsangst getriebenen Mann als Ursprung seiner Ich- und Überich-Entwicklung verwenden, die ihm, wenn dieser Prozeß denn positiv verläuft, zur Eigenständigkeit verhilft und das Tor zur Welt öffnet.

Für die Frau gibt es in der psychoananlytischen Theorie keine entsprechende, zu innerer Selbständigkeit führende ödipale Konfliktlösung. Die Eltern werden nach dieser Theorie beim Mädchen nicht durch Verinnerlichung und Symbolisierung »getötet«. Es bleibt weitgehend von beiden Eltern abhängig und bildet kein dem Knaben entsprechendes Überich noch ein ihm entsprechendes autonomes Ich. Das Tor zur Welt, die folglich eine männliche ist, bleibt ihm verschlossen.

Im Patriarchat ist die Frau ein Mangelwesen, kein dem Mann entsprechender vollwertiger Mensch. Psychoanalytisch wird sie durch den Nicht-Besitz des Phallus definiert und ihre Kreativität auf Biologie reduziert. In der psychoanalytischen Theorie ist also kein Entwicklungsgang vorgezeichnet, in dem die Frau als eigenständige »andere« vorkommt, als kritische Rätsellöserin, welche die geschichtsträchtige Bewußtlosigkeit durchbrechen hilft.

Dabei darf man nicht vergessen, daß es Frauen waren, denen Freud die ersten psychoanalytischen Erkenntnisse verdankt. Dennoch konnte Freud offenbar konventionelle Ansichten vom »Wesen« und von den sozialen Aufgaben der Frau nicht aufgeben. Obwohl er schon früh von der psychobiologischen Bisexualität beider Geschlechter überzeugt war, wehrte er sich, so scheint es, in seiner Selbstanalyse dagegen, das »Weib in ihm« zu erkennen. Das mag nicht nur mit abgewehrten passiv homosexuellen Hingabewünschen zusammenhängen – denn auch sein aktives Begehren, sein Interesse zumindest, zielte doch wohl weit mehr auf Männer als auf Frauen. Er wollte jedenfalls nicht wahrhaben, »was das Weib will«. Als unweiblich erschien ihm, wenn »das Weib« danach verlangte, nicht mehr nur passiv durch den Mann vermittelt, sondern auch aktiv teilzuhaben an der Gestaltung des menschlichen Lebens und der eigenen Sexualität, auf dem Boden einer zu Worte gekommenen Selbsterfahrung, die mit den patriarchalischen Vorstellungen von »Weiblichkeit« nur noch wenig zu tun hatte. Vor allem aber wehrte er sich, so ist anzunehmen, gegen die Erkenntnis der eigenen frühkindlichen und tief verankerten Bindung an seine Mutter und die in sich sicher widersprüchliche Identifikation mit ihr. Seine Mutter war bekanntlich die weitaus stärkere Persönlichkeit als sein Vater.

Auch auf den frühen mütterlichen Einfluß führe ich zurück, daß die Psychoanalyse eine – wie ich bereits darzustellen versuchte – eher »weibliche« Art des Wissenserwerbs ist, daß Freud, trotz aller männlichen Abwehr gegen seine Uridentifikation, diese in seiner Methode verwirklichte. Es war sicherlich kein Zufall, daß es zuerst eine Frau war, die ihre Therapie bei Breuer als »talking cure« bezeichnete, daß es Frauen waren, die durch ihre Fähigkeit, Gefühle und Phantasien wahrzunehmen, sich dem freien Einfall zu überlassen, quasi Erfinderinnen der Methode der »freien Assoziation« wurden. Freud griff diese Fähigkeiten, die wohl in ihm selbst bereitlagen, begierig auf und entdeckte mit deren Hilfe den Schlüssel zum Reich des Unbewußten. Aber auch Frauen fanden auf dem Umweg über Freud und seine Systematisierung »weiblicher« Fähigkeiten zu sich selber: Ihre bisher unbewußte Auflehnung gegen Einengungen jeder Art in der Welt der beherrschenden Väter wurde ihnen dadurch oft erstmalig bewußt. Die Psychoanalyse hat jedenfalls zu einem veränderten Umgang vieler Frauen mit sich und ihrer Umgebung mehr beigetragen, als den meisten von ihnen bewußt ist.

Berechtigter noch als der institutionalisierten Psychoanalyse kann man der Aufklärung diesseits und jenseits der Entdeckung des Unbewußten vorwerfen, daß sie fast ausschließlich eine Sache von Männern war. Ein Frauenzimmer sei weder fähig noch berechtigt, »Bürger oder Mitgesetzgeber« zu heißen, befand schon Kant kategorisch. Die bürgerliche Gesellschaft war ein durch und durch männliches Gebilde: Freiheit, Gleichheit, *Brüderlichkeit* hieß es. Wer versuchte entsprechende Rechte für Frauen durchzusetzen, endete, wie ich an dem Beispiel Olympe de Gouges darstellte, auf dem Schafott.

Wie wir wissen, wurden Frauen bis heute weitgehend aus der Politik, der Wissenschaft und Wirtschaft, überhaupt der Öffentlichkeit herausgehalten. Damit mag zusammenhängen, daß die Maschine zum Modell des wissenschaftlichen (»aufgeklärten«!) Denkens wurde, wie Lewis Mumford in »Der Mythos der Maschine« dargestellt hat. Er weist nach, daß dieser Maschinenmythos, d. h. die Idealisierung des Ordentlichen, Vorhersehbaren, Kontrollierbaren, auf Kosten der Spontaneität, der Gefühle, des originellen Denkens, der Phantasie und eines menschlich lebendigen Miteinanders die gesamte Gesellschaft und ihre Politik bestimmt. In höchst gefährlicher Weise lassen wir uns heute vom Computer beherrschen und vergessen, daß wir nicht *sein*, sondern er *unser* Werk ist.

Die Psychoanalyse ist nun einmal eine Ausnahme, wenn sich auch viele ihrer Anhängerinnen und Anhänger als Mediziner im naturwissenschaftlichen Denken beheimatet fühlen. Sie bezieht die eigenen Gefühle und Erlebnisse wie die ihrer Patienten in ihre Wissenschaft mit ein, eben weil sie sich, wie bereits beschrieben, weitgehend einer »weiblichen« Art des Denkens, die auch Freud in seiner Selbstanalyse praktizierte, verdankt. Die instrumentelle Vernunft, das Maschinendenken, stützt sich auf sogenannte »objektive Forschungsmethoden«, die von der Subjektivität des Forschers unabhängige Resultate erbringen sollen. »Wissenschaftliche Objektivität«, die Männer sich immer zu-, Frauen immer abgeschrieben haben, stellt aber seit jeher ein Produkt dar, das aus der Sicht männlichen Denkens gewonnen, d. h. durchaus geschlechtsspezifisch wie individuell begrenzt ist. Dagegen kommt die Psychoanalyse gerade durch den Einsatz des Subjekts zu ihren Ergebnissen. Das scheint mir zu beweisen, daß ihre Wissenschaft eher auf eine »weibliche« als auf eine »männliche« Art des Denkens gegründet ist. Bei der Logik der Psychoanalyse handelt es sich um eine Logik, die den Bereich der Gefühle und des Unbewußten, das zeitlos und bisexuell ist, miteinbezieht.

Es ist klar, in einer patriarchalischen Welt sollen Frauen möglichst unwissend bleiben, wie Sklaven, denen man das Erlernen des Lesens und Schreibens verbot, aus Angst vor der Störung der bestehenden Herrschaftsverhältnisse. Das Wissen der von ihnen Unterdrückten ist seit jeher gefährlich für die Unterdrücker. Mit der Idealisierung und gleichzeitigen »Verhexung« der Frau als »Natur«, die »männliches« Wissen nur zerstörend oder magisch-destruktiv benutzen könne, ließ sich die Unterdrückung der Frau moralisch und ideologisch begründen. Die Familie ist Hort der Menschlichkeit und Zuflucht des Mannes, wenn er von seinen Irrfahrten in die große Welt, die ihn zum »Mann« ge-

101

macht haben, in die Geborgenheit seines von einer tugendhaften Frau behüteten Heimes zurückkehrt, um sich dann wieder neuen Abenteuern zuzuwenden.

Aufklärung ja, werden die meisten Männer sagen, aber welche und für wen? Aufklärung von Frauen und aktive Teilnahme an Politik und Geschichte machten sie nur »phallisch«, noch penisneidischer, als sie ohnehin schon sind, behaupten männliche Psychoanalytiker und viele ihrer Kolleginnen. Und was, wenn Frauen eine eigenständige Sexualität entdecken, ihre klitoridale Lust nicht unterdrücken, ihre Vagina als Organ erleben, das nicht nur durch den Mann und seine Sexualität zu erwecken ist? Bitte nicht zuviel Lust bei der Frau, die sie initiativ und aktiv, d. h. natürlich im psychoanalytischen Jargon wiederum »phallisch«, machen könnte! Das würde bisherige Machtverhältnisse ändern und erhebliche Angst in der männlichen Welt hervorrufen. Sexuell initiativ dürfen nur Huren sein, die man offen verachten kann und denen man deswegen auch ohne größere Furcht die eigenen Potenzängste und Perversionen offenbart. Eine »richtige Frau« hat passiv oder, je nach männlichem Bedarf, frigide oder lustvoll zu sein.

Nach Freud erbt die Vagina nicht die Lust der Klitoris, sondern »die Vagina wird ... als Herberge des Penis geschätzt, sie tritt das Erbe des Mutterleibes an« (S. Freud, GW XIII, S. 298). »Wir können angeben, welches Schicksal der infantile Wunsch (der Frau) nach dem Penis erfährt, wenn die Bedingungen der Neurose im späteren Leben ausbleiben. Er verwandelt sich dann in den Wunsch nach dem Mann, er läßt sich also den Mann als Anhängsel an den Penis gefallen« (GW X, S. 405). Die sonst narzißtische Selbstliebe der Frau läßt nach Freud in solchen Fällen »Objektliebe« zu, obwohl es sich dabei natürlich nur um eine Liebe zu einem Partialobjekt – dem Penis – handelt. »Ihr ›Feuer‹ glüht, wenn überhaupt, für die Rache, die sie für ihre eigene gähnendleere Gestalt an dem männlichen ›Anhängsel‹ nehmen will, das sie nicht aus sexuellen Motiven begehrt«, so die Interpretation dieser Freudschen Aussagen von Renate

Schlesier in ihrer Arbeit »Die totgesagte Vagina« (Renate Schlesier, 1980).

In der Hysterikerin fand Freud keine grundlegend sexuell anästhetische Frau, sondern das Zusammentreffen des Gegensatzpaares von »übergroßem sexuellen Bedürfnis und zu weit getriebener Sexualablehnung« (S. Freud, GW V, S. 64). Die Hysterikerin beharrt – so Freud – einerseits hartnäckig auf ihrer bisexuellen Anlage, d. h. auf der lustvollen Existenz von Klitoris *und* Vagina, eine Sexualität, die sie dann andererseits um so heftiger verdrängen muß. Ihr von der »Norm« abweichendes Verhalten wurde als neurotisch, d. h. als krank angesehen und nicht als verzweifelter Aufstand gegen die Vernichtung ihrer vitalen Wünsche und als Kampf um ein eigenständiges Selbst erkannt.

Eine Frau, von der vor allem Passivität gefordert wird, kann ihre Sexualität kaum erleben. Ein unlösbarer Konflikt scheint darin zu liegen, daß ihr aktives Begehren Angst macht und das Begehren des Mannes auslöscht. Christiane Olivier (1980) hat dargestellt, daß sich hinter dieser Angst die Angst des Mannes vor der ihn sexuell begehrenden Mutter verbirgt. Ich erinnere auch an Ranks Darstellung der Entstehung des Inzestverbots als Abwehr der männlichen Regressionswünsche nach Rückkehr in den Mutterleib. Ist auch Angst der Grund dafür, daß sogar die Psychoanalyse der Frau die eigenständige aktive Sexualität abspricht? Herrscht auch in der Psychoanalyse nicht nur Denk-, sondern auch Lustverbot für die Frau?

Denk- und Lustverbote pflegen seit jeher Hand in Hand zu gehen. Ein bestimmtes Wissen, eine bestimmte Lust ist nur für die Mächtigen gedacht. Macht aber bedarf des Wissens wie der schamhaften Verdrängung, auch dann, wenn Macht bewußt oder unbewußt mit Zynismus verbunden ist. Die defensive männliche Behauptung: »Frauen sind die besseren Menschen« stellt eine typische Verbindung von zynischer Machterhaltung und Verdrängung dar, denn als den »besseren, unverbildeten Menschen« wird Frauen die Teilnahme an der Macht versagt.

Die Frau und Mutter als idealisierte »Natur« wird, angeblich zu ihrem eigenen Schutz, von allen Bereichen des für den Mann Erstrebenswerten ferngehalten. Das ist bei Freud nicht anders als bei Hegel und Horkheimer.

In der Psychoanalyse kursieren folgende Aussagen: Das männliche Kind orientiert sein Ich-Ideal am genitalen Vater und seinem Penis, wenn es eine reife und normale Männlichkeit erreichen soll. Alles andere führt zur Perversion, zu einem »weibischen« Verhalten, bei dem das »Realitätsprinzip« versagt und das den grundlegenden Unterschied zwischen Penisbesitz (männlich) und Penismangel (weiblich) nicht zu erkennen und akzeptieren bereit ist (Chasseguet-Smirgel, 1974).

Ein »Realitätsprinzip«, das sich am Penis als Besitz oder Mangel orientiert, schränkt ohne Zweifel das Denken und Fühlen der Frauen in Richtung autonomer Sexualität, Eigenständigkeit, Erkenntniserweiterung ein. Das »Tor zur Welt«, die dann als männlich (Penisbesitzer) wahrgenommen wird, bleibt ihr verschlossen. »Der Hunger nach Welt« bleibt ungestillt, ihre Unzufriedenheit darüber muß sie, oft auch vor sich selbst, unterdrükken. »Wendet sie sich von der Familie ab, der Kultur zu, gilt sie nicht als ›richtige Frau‹; beschränkt sie sich auf die Familie, bemerkt sie, daß ihr eine Hälfte des Lebens abgeht. Depressivität ist eine häufige Reaktion auf dieses Dilemma« (Erdheim, 1987).

Wenn das Ich-Ideal des Knaben sich am »Penis des Vaters« ausrichten soll, warum dann das des Mädchens nicht an der Vagina der Mutter? Weil für Freud die Vagina kein eigenständiges Lustorgan ist, so heißt es, sondern erst in der Pubertät mit Hilfe der Sexualität des Mannes entdeckt wird. Damit wird die Frau auf den Mann zurückverwiesen. Die Befreiung aus der Enge der Familie, der Weg in die Welt der Kultur wird ihr verstellt.

Das mag Freud wahrgenommen haben, als er in ihr die doppelt Verstümmelte sah: Die Klitoris sei ein »verkümmerter Penis« und die Vagina im Erleben der Frau und des Mannes eine »Kastrationswunde«. Bei dieser Art des Denkens bestimmen Teilobjekte wie Penis, Vagina, Klitoris die Gefühlsskala der Geschlechterliebe bzw. des Geschlechterhasses und legen die Geschlechterrollen fest.

Psychoanalytiker/innen pflegten die genitale Reife einer Frau über lange Zeit an ihrem »vaginalen Orgasmus« zu messen, obwohl die Frau gleichzeitig weitgehend als vaginal orgasmusunfähig angesehen wurde. Erst die Untersuchungen von Masters und Johnson (1966) machten klar, daß die Vorstellung eines ausschließlich vaginalen Orgasmus ein Mythos ist. Erfahrungen lehren uns jedoch, daß die Erogenität der Vagina störanfälliger ist als die der Klitoris. Verkrampfungen der Vagina, auch vaginale Unempfindlichkeiten kommen häufig vor. Das kann sowohl eine Folge bewußter oder unbewußter Kränkungen, die sich in die Kindheit zurückführen lassen, als auch Folge von Einfühlungsstörungen des sexuellen Partners sein. Das kann auch mit der passiven Rolle der Frau zusammenhängen, die ihr aufgezwungen worden ist und die es ihr nicht erlaubt, ihre sexuellen Wünsche und Bedürfnisse kennenzulernen und zu äußern.

Helene Deutsch erlebte gerade die »warmherzigsten und leidensfähigsten Frauen« oft als frigide: »Diese Frauen sind psychisch gesund, ihre Beziehung zur Welt und zum Objekte ist positiv und liebenswürdig... sie empfinden beim Akte ein glücklich-zärtliches Gefühl der Freudespendung, und wenn sie nicht einem kulturellen Milieu entstammen, in dem sie eine volle sexuelle Aufklärung genossen haben, so sind sie überzeugt, daß der Koitus als Sexualakt nur für den Mann gilt. Die Frau ist glücklich in der zärtlich-mütterlichen Spende auch im Koitus« (H. Deutsch, 1930, S. 183). Diese Psychoanalytikerin – wie viele ihrer Kollegen/innen – überlegte nicht, *was* Frauen daran hindert, ihre eigene Sexualität kennenzulernen.

Psychoanalytischen Theorien zufolge soll sich also das Ich-Ideal des Knaben am genitalen Vater und seinem Penis orientieren und aufbauen, das Ich-Ideal der Tochter aber nicht an der Vagina der Mutter, geschweige denn an deren Klitoris, noch überhaupt an deren Genitalität, die eine dem Mann entsprechende Reife nie erreiche, da sie schon aufgrund ihrer Anatomie verstümmelt und in besonderem Ausmaß bisexuell, d. h. in sich widersprüchlich angelegt sei. Der psychoanalytische Begriff der Bisexualität nutzt uns wenig, wenn damit bereits festgelegte Vorstellungen von »männlich« und »weiblich« verbunden sind.

Da das Weib nur beschränkt sexuell zu sein hat, sind es vor allem asexuelle Eigenschaften wie Mütterlichkeit, Einfühlungsfähigkeit, Opfer- und Hingabebereitschaft, an denen ein Mädchen sein Ich-Ideal aufbauen soll, wenn es eine rechte Frau werden will. Dieser Theorie folgend, fällt denn auch der Beginn der Überich-Bildung beim Knaben mit der phallischen Phase und dem Ödipuskomplex zusammen, also mit dem Höhepunkt seiner Kastrationsangst. In diesem Alter macht sich das Mädchen keine Illusionen mehr über seine Penislosigkeit; keine Kastrationsangst treibt es zur Verinnerlichung elterlicher Gebote, so daß es für die Bildung eines dem Knaben entsprechenden Überichs keinen Anlaß hat.

Nach der Theorie Melanie Kleins tritt der Ödipuskomplex schon in den ersten Kinderjahren auf. Der Kastrationsangst des Knaben entspricht die Angst des Mädchens vor der Zerstörung seines Leibesinneren durch die Mutter. Wie der Sohn die Rache des Vaters, so fürchtet die Tochter die der Mutter. In deren Leibesinneren vermutet sie den begehrten Penis, der ihr vorenthalten wird und den sie sich in ihren Phantasien gewaltsam aneignet. Für Melanie Klein ist die Frau von Anfang an weiblich, d. h. die in sich Aufnehmende und deswegen als Schöpferin von Kultur dem Mann, dem sich nach außen Gebenden, weit unterlegen.

Nach Freud ist das Ich des Menschen zuerst und vor allem ein Körper-Ich. Die Entwicklung des Körper-Ich ist mit der der Triebe eng verbunden, d. h. mit den Phasen der Triebentwicklung (oral, anal, phallisch). In der oralen und analen Phase unterscheiden sich die Körpergefühle beider Geschlechter wenig. Auch in der phallischen Phase empfindet das einigermaßen unverbildete Mädchen seine Klitoris offenbar als nicht weniger lustvoll als der Knabe seinen Penis. Nur kann die Klitoris nicht

106

unmittelbar angeschaut, geschweige denn in die Hand genommen werden, was es dem anderen Geschlecht leicht macht, dem Mädchen beizubringen, daß ihm körperlich etwas fehle und daß es deswegen von geringerem Wert sei. Die für das Körper-Ich wichtigen Erscheinungen der Pubertät wie das Wachsen der Brüste, vaginale Lustgefühle, Menstruation etc. werden von der Freudschen Psychoanalyse in ihrer Bedeutung für die psychosexuelle Entwicklung des Mädchens relativ wenig berücksichtigt. Auch die Schwangerschaft mit ihrer vom Kinde deutlich wahrnehmbaren körperlichen Veränderung der Mutter und deren Wirkung auf Psyche und Ich-Entwicklung des Kindes sind sicherlich zu wenig untersucht worden.

Ich wiederhole: In der Psychoanalyse wird die psychosexuelle Entwicklung der Frau von vielen ihrer Vertreter immer noch durch einen Mangel bestimmt; was an ihr von Wert ist, entsteht in Verbindung mit dem Phallus des Mannes. Der Schmerz der Frauen – Menstruationsschmerz, Gebärschmerz – wird als Befriedigung ihres Masochismus angesehen und nicht, was mir zutreffender scheint, als Möglichkeit der Selbstdifferenzierung, denn es handelt sich ja dabei um keinen künstlichen, selbstauferlegten Schmerz wie beim Masochisten, sondern um einen naturgegebenen, den die Frau zu ertragen lernt und mit dessen Hilfe sie sich von sich selber zu distanzieren und ihr Ich aufzubauen vermag. Mit diesen Schmerzen verbinden sich zahlreiche psychische und körperliche Selbsterfahrungen der Frau.

Aber ist die Entwicklung eines Identitätsgefühles für die Frau vom schlichten Hinnehmen ihrer »Weiblichkeit« oder ihrer geschlechtlich bestimmten Schmerzerfahrung abhängig? Gewiß, körperliche und seelische Schmerzen, mit denen eine Frau früh umzugehen lernt, leiten oft einen differenzierten Umgang mit sich, ihrem Körper, ihren Gefühlen ein, können aber auch dazu führen, daß sie ihr weibliches Schicksal unkritisch als ein von Gott gegebenes auf sich nimmt und dann womöglich masochistisch genießt.

Identität, d. h. das Sich-Eins-Fühlen mit seinem Geschlecht, mit seiner Erziehung, seiner Rolle, seinen Idealen, seinem Denken, oft ohne deren Herkunft genügend befragt zu haben, gilt bei Psychoanalytikern/innen als wünschenswertes therapeutisches Ziel. Adorno, der sicherlich die Psychoanalyse anders verstanden hat als der Durchschnitt der praktizierenden Psychoanalytiker, setzt sich in der »Negativen Dialektik« mit dem Begriff der Identität anders als diese auseinander: »Insgeheim ist Nicht-Identität das Telos der Identifikation, das an ihr zu Rettende; der Fehler des traditionellen Denkens, daß es die Identität für sein Ziel hält. Die Kraft, die den Schein von Identität sprengt, ist die des Denkens selber: die Anwendung seines ›Das ist‹ erschüttert seine gleichwohl unabdingbare Form. Dialektisch ist Erkenntnis des Nichtidentischen auch darin, daß gerade sie, mehr und anders als das Identitätsdenken, identifiziert. Sie will sagen, was etwas sei, während das Identitätsdenken sagt, worunter etwas fällt, wovon es Exemplar ist oder Repräsentant, was es also nicht selbst ist« (Adorno, 1966, S. 152). Weiter heißt es denn auch: »Identität ist die Urform von Ideologie... Identität wird zur Instanz einer Anpassungslehre« (ebd., S. 151).

Auch bei dem, was unter »psychoanalytischer Identität« begriffen wird, handelt es sich nicht selten um eine Ideologie, d. h., sie ist einem Denkmuster unterworfen, das nicht nur erklärungsstiftenden, sondern auch normensetzenden Charakter hat und das festlegt, was richtig und was falsch sein soll. Wie leicht folgt daraus die Unfähigkeit, anderes und neues Denken wahrzunehmen oder sich mit dem »anderen« einfühlend zu identifizieren. Eine Art »Charaktermaske« entsteht oder eine von Abwehr geprägte Persönlichkeitsstruktur, die dem »Nicht-Identischen« mit Vorurteilen oder Projektionen begegnet.

Der Schmerz kann bekanntlich zum Erkennen von Nicht-Identität führen. Mit dem Gebärschmerz erkennt die Frau beispielsweise, daß das, was sie während der Schwangerschaft eine Zeitlang als Teil ihres Körpers, als eigenes Selbst empfunden hat, etwas von ihr Getrenntes, ein »anderer« oder eine »andere« ist.

Das Ertragen körperlicher Schmerzen, mit denen die Frau früh-zeitig konfrontiert ist und von denen sie sich zu distanzieren, mit denen sie umzugehen lernt, befähigt sie im allgemeinen besser als den Mann, seelische Schmerzen zu ertragen. Deswegen braucht sie noch lange keine Masochistin zu sein, die Leiden mit vorwurfsvoller Lust genießt, wie man ihr das so oft fälschlich nachsagt.

Horkheimer und Adorno, vor allem Marcuse ließen sich von Er-kenntnissen Freuds anregen, ohne ihre Distanz zum psycho-analytischen Establishment zu verbergen. Der Mythos von Odysseus, mehr als derjenige von Ödipus, repräsentiert für Hork-heimer und Adorno die Dialektik des Herr-Sklave-Verhältnisses, den Weg der Selbstentfremdung der bürgerlichen Gesellschaft (Horkheimer u. Adorno, 1944). Die weiblichen Stimmen der Sirenen stellen mit ihrem Gesang die sinnliche Welt der Natur dar, das Lustprinzip also, das das männliche Ich aufzulösen droht. Mit der Fähigkeit, dieser Gefahr zu widerstehen, wie sie der listenrei-che, vom Wunsch nach Selbstbehauptung und Bemächtigung be-sessene Odysseus besitze, entferne sich gleichzeitig die männ-liche Subjektivität von dem, was als Glück bezeichnet werden könne. »Es ist die Formel für die List Odysseus', daß der abge-löste, instrumentale Geist, indem er der Natur resigniert sich einschmiegt, dieser das Ihre gibt und sie eben dadurch betrügt« (ebd., S. 74). »Das Erwachen des Subjekts (die Emanzipation des Mannes aus der Übermacht der Natur und der von ihm als über-mächtig erlebten Frau; M. M.) wird erkauft durch die Anerken-nung der Macht als des Prinzips aller Beziehungen« (ebd., S. 19). Odysseus als Herr schützt sich vor dem verführerischen Gesang der Sirenen, weiß aber zumindest von seinem Zauber und ver-nimmt ihn. Dem Sklaven ist sogar dieses Wissen um eine gefähr-liche aber lustvolle Welt versagt. Dessen Triebentwicklung wird auf ein seinem Herrn genehmes Niveau fixiert. Ähnliches erlebt auch die Frau in der patriarchalischen Gesellschaft. Hier wird sie überall und immer zur Sklavin oder Proletarierin. Gleichzei-tig ist sie für den Mann »Natur«, d. h. höchste Lust und höchstes

Glück und/oder sein Untergang. Als Objekt seiner Begierde und als Begehrende ist sie beides. Dafür muß sie meist hart büßen. Um dem zu entgehen, lernt sie nur die Gefahren ihres Begehrens kennen und nicht dessen Schönheit. Die Emanzipation des Mannes, seine Befreiung von Ängsten und Rollenvorstellungen, liegt noch in weiter Ferne.

Marcuses verheißungsvoller Begriff einer »dialektischen Regression«, der entfernt Ähnlichkeit hat mit dem psychoanalytischen, von Kris (1952) geprägten Begriff der »Regression im Dienste des Ich«, stellt die Utopie einer Kultur dar, in der sich Glück und Lust mit Menschlichkeit und Vernunft verbinden und Berechnung nicht mehr jede menschliche Beziehung beherrscht. In einer freieren Gesellschaft könnte Regredieren dazu beitragen, Triebfixierungen aufzulösen und über die genitale Sexualität hinaus zum Eros vorzustoßen, d. h. zu einer libidinösen Besetzung der Gesamtpersönlichkeit. Das schließt die Arbeit, die zwischenmenschlichen Beziehungen und ihre Institutionen ein. Die Manifestationen kruder Sexualität würden vermindert, da sie sich in eine größere Ordnung integrieren ließe. Horkheimer und Adorno standen bekanntlich diesen utopischen Entwürfen Marcuses skeptisch gegenüber.

Beide, Horkheimer wie Adorno, wären – um in die Gegenwart zurückzukehren – sicherlich mit den »Grünen« insofern einverstanden gewesen, als diese sich gegen die Unterwerfung und Zerstörung der Natur durch den aufgeklärten Naturbeherrscher Mensch stellen; aber sie würden sich gegen sie stellen, sie als Barbaren ansehen, wenn sie dem Wunschdenken nach beseelter Natur verfielen und Polytheismus, Mythologie, Blut und Boden dem aufgeklärten Denken vorzögen. Faschismus und technokratische Barbarei wären der Preis, den man für solche Illusionen zu zahlen habe.

Mit ihrem Ziel einer Distanzierung von den Denk- und Verhaltenseinschränkungen mythisch-magischer und religiöser Traditionen dient die Vernunft bekanntlich den Kräften der Aufklärung. Das Maschinendenken als dominante Form menschlicher

»Vernunft« hat nur noch wenig mit den ursprünglichen Zielen der Aufklärung zu tun. Der Beherrschung der äußeren Natur folgte die Beherrschung der inneren Natur durch die »instrumentelle Vernunft« oder, wie man in der Psychoanalyse sagen würde, durch eine Vernunft, die den Kontakt zu ihren unbewußten Motiven, Gefühlen und triebhaften Grundlagen verloren hat und nur noch Zahlen und Statistik, experimentelle Wiederholung und kalte Berechnung kennt.

Wie mit der Natur, wird mit der Frau umgegangen, die ja seit jeher in den verschiedenen Philosophien mit Natur gleichgesetzt wurde (idealisiert und verachtet, als Heilige verehrt und als männerverschlingende Zauberin und Hexe verfolgt). So pflegt auch ein Sohn seine Mutter zu sehen: als asexuell Liebende und Aufopfernde, als letzte Bastion der Menschlichkeit in einer berechnenden Tauschgesellschaft (Horkheimer) oder eben als Begehrende, die den Sohn verschlingt und ihn ins Verderben stößt.

Wie seit Urzeiten werden auch von Freud, wie von Adorno, Horkheimer, Marcuse und vielen anderen, Mythen benutzt, um sich in ihnen – individuell wie gesellschaftlich – beispielhaft wiederzufinden und zu verstehen. Freud diente der Mythos des Ödipus als zentrales Erklärungsmuster seiner Theorien und der Mythos von der Urhorde als Auslegung der Menschheitsgeschichte. Ohne Zweifel verstand er sich selbst als Ödipus und interpretierte den Moses von Michangelo als eine Gestalt, in der er sich wiedererkannte.

Der Mythos Ödipus konzentriert sich, wie bereits anfangs beschrieben wurde, auf Geschichte und Entwicklung des Mannes. Die Frau als aktive Teilnehmerin an der Geschichte findet darin kaum Beachtung. Auch die Odyssee, die Horkheimer und Adorno als Erklärungsmuster für die bürgerliche Entwicklung anbieten, ist die Geschichte eines Mannes, dessen inneres und äußeres Schicksal mit den Augen eines Mannes gesehen und entsprechend dargestellt wird.

Ich möchte mich mit diesen Mythen noch einmal beschäftigen. Warum in ihnen Frauen niemals als sinnvoll Handelnde, sondern nur als Erleidende, Zerstörte oder auch als Zerstörende und/ oder Göttinnen vorkommen, ist zum Inhalt nicht nur feministischer Forschung (Patricia J. Mills, 1987) geworden; auch Vogt (1986) hat sich in seinem Buch diesem Problem gestellt. Die Sphinx stellt die Rebellion gegen die männlich-väterliche Ordnung dar. Auf ihrer Seite steht die Erdmutter Gaia, die gegen die patriarchalischen Götter des Olymp kämpft. Die »Form der Feindseligkeit zwischen Ödipus und der Sphinx übersteigt die Dimension Mutter–Sohn. Sie ist die Feindseligkeit zwischen *Mann* und *Frau*, die auf gegenseitigem Neid, gegenseitiger Angst und Unterdrückung der Frau durch den Mann beruht… Die väterliche Ordnung holt ihn ein. Er kann auf die Signale Jokastes und der Sphinx, die sich jenseits dieser Ordnung bewegen, nicht mit einer entsprechenden Geste antworten, die die neue Geste des Sohnes wäre. Schon in ihrem Ansatz verwandelt sie sich in die Geste des Vaters, die seit Urzeiten die gleiche ist: Gewalt und Herrschaft« (Vogt, 1986, S. 85 ff.).

Ich komme in diesem Zusammenhang auf den Kernkomplex der psychoanalytischen Neurosenlehre, auf den Ödipuskomplex zurück. Mit Hilfe der aggressiven Triebe findet beim Knaben die Inkorporation des Vaters statt, die sexuellen Gefühle für die Mutter werden verdrängt, Libido und Aggression verbinden sich und tragen zur Umwandlung der verbotenen Liebes- und Todeswünsche bei.

In dieser psychoanalytischen Auslegung des ödipalen Mythos ist der Sohn der Schuldige, der seinen Vater als Rivalen umbringt. Keine Beachtung findet darin die Schuld von Laios, dem Vater, mit dem schließlich alles begann. Der nach seiner Vertreibung aus Theben von Pelops gastlich aufgenommene, undankbare Laios entführte dessen Sohn Chrysippos, den er als seinen Geliebten mit nach Theben nahm. Dort nahm sich der Knabe aus Scham das Leben. Pelops' Fluch: Laios werde dereinst von der Hand des eigenen Sohnes fallen, führte zu dem Beschluß, Ödipus aussetzen zu lassen. Jokaste widersetzt sich dem nicht. Der Ödipussage liegt also ursprünglich die Tötungsabsicht des Vaters, die Einwilligung der Mutter und nicht die mörderische Eifersucht des Sohnes zugrunde. Also nicht der Sohn will seinen Vater töten, weil er unbewußt seine Mutter begehrt, sondern der Vater, der sich seiner Schuld nicht stellt, entscheidet sich, seinen Sohn, der ihm zum Verhängnis werden soll, beseitigen zu lassen. Was also stimmt? Muß der Vater Angst vor dem Sohn oder der Sohn Angst vor dem Vater haben? Und Jokaste, ist sie nur die begehrte oder auch die gefährliche, begehrende Mutter, die erst den Mann und dann den Sohn zur tödlichen Regression in den Mutterschoß verführt? Oder wird der Sohn, wenn er zum Mann wird, unweigerlich zum unterdrückenden Vater, dessen Geste stets die gleiche ist: Gewalt und Herrschaft?

Auch die Lösung des Sphinx-Rätsels wurde unterschiedlich ausgelegt. Es gibt zwei Versionen: 1.»Was geht am Morgen auf vier, am Mittag auf zwei und am Abend auf drei Füßen?« Oder 2.: »Zweifüßig, dreifüßig, vierfüßig lebt es auf Erden, eine / Stimme nur hat es; doch wechselt's allein von allem Getier, das / sich auf der Erde bewegt, in der Luft und im Meer, seine Haltung. / Aber sobald es auf den drei Füßen, sich stützend, einhergeht, / dann ist äußerst gering die Geschwindigkeit seiner Gelenke.« Mit der Lösung dieses Rätsels (»Der Mensch«), in dem Ödipus sich selber, den Mann, sieht, wird er zum König von Theben erhoben und nimmt, indem er Jokaste heiratet, den Platz des Vaters ein. Die patrilineare Generationsfolge ist gesichert.

Die Rätsellösung des Ödipus wird von Feministinnen anhand der Folgen ausgelegt. Sie sehen im Ödipus-Mythos das Symbol für den Ursprung des Patriarchats: Der Sohn wird zum Mann und nimmt den Platz des Vaters ein. Frauen werden unterworfen und von der aktiven Gestaltung der Welt ausgeschlossen. Sie sind nur noch zur Fortpflanzung da. Wenn der Sohn zum Mann wird, gibt es für sie letztlich nur die Selbstzerstörung. Das Matriarchat wird durch Ödipus besiegt; als dessen Repräsentanz stürzt sich die Sphinx mit weiblichem Kopf und weiblichem Oberkörper, eine geflügelte Löwenjungfrau mit Schlangenschwanz, vom Felsen. Wird der Sohn zum Mann, bedeutet das für die Sphinx wie für Jokaste, die aktiv das Leben, das Glück und die Lust begehrende Mutter/Frau, den Tod. Im schönen Gesicht Jokastes erkennt Ödipus zu spät das Gesicht der Sphinx.

Freud sieht in seiner Auslegung des Ödipusmythos nur das Begehren des Sohnes und dessen Rivalität mit dem Vater. Die Eltern Laios und Jokaste werden in der Psychoanalyse mehr oder weniger ausgeblendet. Laios ist ein homosexueller Verführer; Jokaste heiratet ihren Sohn. Laios versucht vergeblich, sich der Rache für seine Verbrechen zu entziehen, Jokaste geht an der Enthüllung ihres Begehrens zugrunde. Sie kann den Rätsellöser Ödipus nicht daran hindern, das Rätsel seiner Geburt zu lösen, das sie schon längst erahnt hatte.

Nach Freud lag das Rätsel der Sphinx in dem ersten kindlichen Problem, in der Frage nach seinem Ursprung, »in einer Entstellung, die man leicht rückgängig machen kann, ist dies auch das Rätsel, welches die thebaische Sphinx aufzugeben hat« (S. Freud, GW V, S. 95), d. h. in der Frage, woher die Kinder kämen. Nicht selten, so Freud, stehe hinter den Zwängen Erwachsener die verdrängte unbefriedigte Neugierde des Kindes nach den Geheimnissen der Sexualität. So konnte sich auch Ödipus nicht zufriedengeben mit seiner Lösung des Sphinxrätsels, er mußte weiter nach seiner Herkunft, was auch heißt: nach der Sexualität seiner Eltern, forschen. Die Sphinx und Jokaste, die an dem Rätsellöser Ödipus zugrunde gehen, gehören zusammen, sind eins. Vogt schreibt: »Hätte Ödipus auf die Frage der Sphinx nicht mit ›der Mensch‹, sondern mit ›ich‹ geantwortet, hätte sein Schicksal damit vielleicht eine andere Wendung nehmen können... Die Sphinx wäre damit zum Du geworden und der Dialog mit ihr hätte beginnen können« (Vogt, 1986, S. 75). Das genau ist das Problem: Hätte es einen Dialog auf gleicher Ebene zwischen Mann und Frau gegeben, wäre das Patriarchat mit seiner einseitig männlichen Sehensweise und seiner grausamen Unterdrückung und Gewalt nicht entstanden. Die Angst vor der »wilden« Sexualität der

114

Frau, verkörpert durch die Sphinx, wäre als Projektion der eigenen gewalttätigen Sexualität erkannt und hätte nicht zu einer Unterdrückung der Frau und ihrer Sexualität führen müssen.

Aus dem Mythos des Ödipus, des Repräsentanten des patriarchalischen Sieges über das Matriarchat, ließ sich auch in der psychoanalytischen Theorie bisher keine Variante eines eigenständigen weiblichen Schicksals ableiten. Bei der Suche nach einem weiblichen Gegen- oder Ebenbild zum Männerbild des Ödipuskomplexes drängt sich die Frage auf: Warum will die Tochter die Mutter als Rivalin nicht umbringen, wie umgekehrt der Sohn seinen Vater? Die verschiedenen Antworten lauteten bisher: 1. Die Mutter ist die erste Liebe der Tochter, mit der sie in der frühen Kindheit auch körperlich triebhaft eng verbunden ist. 2. Die Mutter hat im Patriarchat keine öffentliche Macht, die ihr die Tochter streitig machen könnte. 3. Mit der Wahrnehmung ihrer Penislosigkeit erlebt sie die Mutter als zerstört und wendet sich dem Besitzer von Phallus und Macht zu. Gleichzeitig bleibt der Mann für sie auch ein Ersatz für die Mutter.

Man kann hinzufügen: Eine psychische »Tötung«, d. h. eine wirkliche Abnabelung von der Mutter im Sinne einer Verinnerlichung von ihr, findet nur partiell statt; keine Kastrationsangst drängt sie dazu. Ödipus als Symbol des Sohnes, der mit Hilfe aggressiver Inkorporation des Vaters Herrschaft und Selbständigkeit erwirbt, dieses Symbol läßt sich auf die Entwicklung der Frau nicht anwenden, da sich deren Beziehung zur Mutter mit der Beziehung des Sohnes zum Vater nicht vergleichen läßt. Der Sohn bleibt die Hauptperson – auch für die Mutter/Frau. Wenn er zum Mann wird, unterwirft sie sich ihm.

Nicht nur Freud, auch Horkheimer und mit ihnen natürlich unzählige Männer idealisieren die Mutter-Sohn-Beziehung. Frauen als Mütter, die in der »menschenfreundlichen« Familie und nicht in der menschenunfreundlichen Gesellschaft leben, vermitteln nach Horkheimer dem Sohn eine utopische Vision von Menschlichkeit. Die mütterliche Zuwendung habe nichts zu tun mit der pervertierten Tauschethik der bürgerlich-kapitalistischen Gesellschaft, die jede mitmenschliche Unmittelbarkeit zerstöre. Die körperlich-sexuellen Wünsche zwischen Mutter und Sohn, die damit verbundenen Regressionsängste des Sohnes und dessen Bemächtigungsdrang werden in der Idealisierung dieser Beziehung von Horkheimer außer acht gelassen.

Für Horkheimer und Adorno war aber nicht Ödipus, sondern Odysseus ein nützlicher Mythos für die Darstellung der bürgerlich-selbstbehauptenden, selbstsüchtigen, dabei selbstentfremdeten Entwicklung. Die Abenteuer des Odysseus interpretieren sie als eine »Fluchtbahn des Subjekts vor den mythischen Mächten«. Aber die sein Selbst profilierenden Irrwege, die Darstellung des Herr-Sklave-Verhältnisses, lassen sich nur auf die männliche Situation und zur Illustration typisch männlicher Entwicklung benutzen. Horkheimer und Adorno gehen wenig auf die Unterjochung des weiblichen Begehrens, wie sie das Schicksal Penelopes, aber auch der Sirenen und Circes darstellt, noch überhaupt auf die Problematik der Frau ein. Auch in der Odyssee sind die Frauen entweder Opfer, Göttinnen und/oder gefährliche Betörerinnen, die sich nach ihrer Niederlage selbst zerstören müssen wie die Sirenen, wenn sie nicht von Odysseus unterworfen werden.

Penelope, der Typus der bürgerlichen Frau, stellt die weibliche Einschränkung und Unterwerfung dar, ihre Anbindung an Besitz und gesellschaftliche Anerkennung; als Teil des Mannes ist ihr eine gesicherte Existenz garantiert. Diese Abhängigkeit muß sie mit absoluter Treue, sexueller Passivität und unendlichem Warten bezahlen, während Odysseus durch die Welt geistert, mit anderen Frauen lebt und Kinder mit ihnen zeugt. Ohne die Treue Penelopes gibt es letztlich auch für Odysseus keine Rückkehr noch ein Wiedererkanntwerden, wenn dieses auch überschattet ist von der Identifikation Penelopes mit dem mißtrauischen Besitzdenken einer patriarchalischen Welt. Erst nach dreimaliger Probe ist sie bereit, seine Identität anzuerkennen. Sicherlich läßt sich ihr Mißtrauen auch als Ausdruck einer tief-

116

gehenden Ambivalenz gegenüber der sie beherrschenden Männerwelt deuten.

Der Mythos, an dessen Schluß die Rückkehr des Mannes zu Besitz und Heimat nach bestandenen Abenteuern steht, in denen er sich als Mann und Herrscher hervortut, stellt nur den Weg des Mannes dar. Dafür braucht der Mann unabdingbar eine Frau, die auf ihn wartet, Heim und Besitz verteidigt, selbst Besitz ist. Deren Selbstfindung wie Sexualität haben folglich nur in Verbindung mit ihm Existenzberechtigung. Damit wehrt er auch die eigene Angst vor der allmächtigen Mutter/Frau ab und verkehrt sie in ihr Gegenteil: die Herrschaft über sie.

Entsprechend gilt in der klassischen psychoanalytischen Theorie der Weiblichkeit die Vagina als unentdeckt bis zur Pubertät, bis zu dem Zeitpunkt also, da die Frau durch den Mann, durch den sexuellen Kontakt mit ihm, existent werden darf. Ohne ihn ist die Frau ein wartendes Nichts, eine abgehobene Heilige oder eine Betörerin, die sich selber zerstört oder von anderen zerstört wird, wenn sie nicht als Hure vom Mann bezahlt und verachtet wird. Die Klitoris, deren aktive Sexualität von Anfang an feststeht, wird als lächerlicher, verstümmelter Penis verhöhnt, deren Lust als minderwertig verpönt. Mit der Definition der Frau als Mangelwesen mit entsprechendem Penisneid gelingt dem Mann auch die Abwehr seines eigenen Gebärneides.

Solche männlichen Vorstellungen von weiblicher Sexualität schließen die Beziehung zu einer Frau als vollständigem, ernst zu nehmendem Menschen aus; mit ihr kann es keinen Dialog auf gleicher Ebene geben. Sie bleibt die Unterjochte, die Ungleichwertige; der Mann ist ihr Beherrscher, der sich damit allerdings auch eigene Möglichkeiten des Glücks und der Reife verbaut. Die kommerziell begründete, moderne »Partnerschaft« habe, so Horkheimer und Adorno, ihre Chancen zu Glück und wirklicher Menschlichkeit, zu einer dauerhaften gegenseitigen Beziehung verloren. Die Rebellion des Eros gegen Autorität sei in weite Ferne gerückt. Eine mutterlose Gesellschaft sei eine Gesellschaft ohne Hoffnung und Menschlichkeit. Die genannten Autoren untersuchen nicht, was der Vater an »Mütterlichkeit« in diese Gesellschaft einbringen könnte, um sie menschlicher zu gestalten. Eine tiefgreifende Rollenänderung scheint ihnen in der bestehenden Gesellschaft kaum eine Möglichkeit zu haben; zumindest wird eine solche Möglichkeit von ihnen nicht erwähnt.

Sie haben in dieser Hinsicht recht: Solange die männliche und weibliche Entwicklungsideologie auf den Besitz oder Nicht-Besitz von genitalen Teilobjekten reduziert wird, eine Ideologie, die die Beherrschung der Frau durch den Mann körperlich begründet, solange wird Eros – als eine glückhafte Erfassung des anderen als ganzem Menschen – durch eine Sexualität ersetzt, die sich auf Genitalität beschränkt.

Entsprechend reduziert sich in den bekannten Mythen die Darstellung des Menschengeschlechts auf die autonome Entwicklung des Mannes, die dann immer wieder zu einem Herr-Sklave-Verhältnis der Männerwelt entartet, zu einer Beherrschung und Zerstörung der Natur, als die auch die Frau erlebt wird.

Im Mythos von der Urhorde (s. Freud, GW IX) werden die Söhne aus der Urgemeinschaft verstoßen, weil der Vater den Besitz der Frauen nicht mit ihnen teilen will. Die ausgestoßenen Söhne bilden eine, so deutet Freud an, homosexuelle Brudergemeinschaft; sie sind libidinös miteinander verbunden, brauchen sich darum nicht zu bekämpfen, sondern können gemeinsam den Vater umbringen. Bei einem Festmahl wird der getötete Vater verschlungen. Die Inkorporation des Vaters führt zu einer Verinnerlichung seiner Gesetze, gemildert durch die homosexuelle Verbindung zwischen den ausgestoßenen Brüdern. Diese latente Homosexualität kann auch als die Grundlage unserer Demokratie angesehen werden, die eine Demokratie der Männer war und es mehr oder weniger bis heute ist. Deutschlands fatale Entwicklung sei darauf zurückzuführen, daß dort nie ein Monarch geköpft worden sei, soll Max Weber geäußert haben, d. h., das väterliche Gesetz blieb hierzulande unangefochten. Nicht einmal zwischen Männern konnte demokratische Praxis

118

durchgesetzt werden. Der Obrigkeitsstaat erreichte im Nationalsozialismus seinen perversen Höhepunkt.

Laut *Totem und Tabu* ließ sich mit Hilfe der Exogamie, die zum strengen Gesetz wird, der Streit der Brüder um die Frauen verhindern. Angeblich gab es nach dem Vatermord eine Phase des Mutterrechts. Mag auch in diesem Mythos zwischen den Brüdern so etwas wie Demokratie herrschen, Frauen waren selbst im angeblichen Matriarchat davon ausgeschlossen. Freud schreibt:

»Um miteinander in Frieden leben zu können, verzichteten die siegreichen Brüder auf die Frauen, derentwegen sie doch den Vater erschlagen hatten, und legten sich Exogamie auf. Die väterliche Macht war gebrochen, die Familien nach Mutterrecht eingerichtet... An Stelle des Vaters wurde ein bestimmtes Tier als Totem eingesetzt; es galt als Ahnherr und Schutzgeist, durfte nicht geschädigt oder getötet werden, aber einmal im Jahr fand sich die ganze *Männergemeinschaft* (von mir kursiviert; M. M.) zu einem Festmahl zusammen, bei dem das sonst verehrte Totemtier in Stücke gerissen und gemeinsam verzehrt wurde...« (s. Freud, GW XVI, S. 239).

Man sieht, es blieb eine Männergemeinschaft! Irgendwann einmal wurde – so Freud – die matriarchalische Gesellschaftsordnung von der patriarchalischen wieder abgelöst. »Aber diese Wendung von der Mutter zum Vater bezeichnet überdies einen Sieg der Geistigkeit über die Sinnlichkeit, also einen Kulturfortschritt, denn die Mutterschaft ist durch das Zeugnis der Sinne erwiesen, während die Vaterschaft eine Annahme ist, auf einen Schluß und auf eine Voraussetzung aufgebaut« (S. Freud, a. a. O., S. 221).

Wie mit Frauen in der bald wieder ungebrochen patriarchalischen Welt umgegangen wird, zeigt auch die Odyssee. Nach der Rückkehr des Odysseus werden nicht nur die Freier Penelopes grausam umgebracht, sondern auch die Frauen, die sich sexuell mit diesen Freiern eingelassen hatten. Hier gehört offenbar noch jede Frau dem Odysseus; sie darf sich mit keinem seiner potentiellen Rivalen eingelassen haben. Die Untreue des Mannes ist eine Selbstverständlichkeit. Die siebenjährige Beziehung Odysseus' zu Kalypso oder die zu Circe gereichen dem Mann mehr oder weniger zur Ehre; es gehört zu seiner erfolgreichen männlichen Entwicklung, Herrscher über Frauen zu sein und diese verlassen zu können. In einer solchen Welt kann es keinen Eros geben, keine glückhafte Erfassung des anderen als vollständigem, menschlich gleichwertigem Wesen. Der Krieg der Männer oder ihr Zusammenrotten gegen »Feinde«, das Unglück der Geschlechterbeziehung sind mit sicherem Ausgang vorprogrammiert.

Gibt es einen Ausweg? Auf der Suche nach ihm möchte ich auf die kindliche Entwicklung zurückgreifen und daran erinnern, daß das Ich zuerst und vor allem ein Körper-Ich ist. Beim kleinen Kind steht die Körperpflege im Mittelpunkt seiner Versorgung. Für die Entwicklung eines Gefühls von seelischer und körperlicher Sicherheit ist es unabdingbar, daß das Kind auch im Sinne körperlicher Zärtlichkeit unmittelbar angesprochen wird. In der Latenzzeit haben beide Geschwister, der Junge noch weit mehr als das Mädchen, auf die Streichelintensität der Kleinkinderzeit zu verzichten. Die männliche Erziehung in einer patriarchalischen Gesellschaft verlangt es, daß der heranwachsende Knabe sich gegen Zärtlichkeiten wehrt und sein Bedürfnis danach unterdrückt, was sicherlich untergründige Haßgefühle und Trauer erweckt und seine Kontaktstörungen und die Entfremdung von seiner Gefühlswelt verstärkt. In der Pubertät ergibt sich erneut eine Möglichkeit nach körperlicher Nähe durch die gereifte Sexualität. Diese kann sich leicht mit dem Haß und der Härte verbinden, die sich als Folge des im Patriarchat erzwungenen männlichen Verzichtes auf Zärtlichkeit einstellt. Das führt unweigerlich zu Konflikten, denn Frauen erwarten Zärtlichkeit, da sie ihre Wünsche nach körperlichem Kontakt in ihrer Kindheit viel weniger zu unterdrücken brauchten als Jungen. Sie fühlen sich unverstanden, wenn der männliche Partner mit der Sexualität nicht die ersehnte Zärtlichkeit und Einfühlung bietet. Wenn ein Mann

120

einer Frau körperlich nicht vermitteln kann, daß er sie als Individuum begehrt, sind die Chancen für Glück gering. Auf die Betonung der eigenen Potenz eingeschränkte männliche Sexualität beherrscht aber nur allzuoft die Beziehung der Geschlechter und zerstört deren Möglichkeit zu gegenseitiger Erfüllung. Christiane Olivier ist mit Grunberger der festen Überzeugung, daß Kinder von Geburt an das andere Geschlecht brauchen, um sich begehrt zu fühlen. Das Mädchen brauche den Vater, da es sonst quasi nicht existiere. Libido ist für die beiden Psychoanalytiker an Heterosexualität gebunden. Aufgrund meiner Erfahrungen kann ich dem nicht zustimmen. Daß die Intensität der mütterlichen Zuwendung von Kind zu Kind unterschiedlich sein kann, ist bekannt. Das braucht aber keineswegs vom Geschlecht des Kindes abzuhängen.

In der Perversion, die als die erotische Form des Hasses bezeichnet wurde, werden in aller Deutlichkeit genitale Teilobjekte oder sexualisierte leblose Objekte wie beim Fetischismus begehrt. Pornographie und die ihr entsprechenden Einrichtungen und Filme können zu Recht als die sexuelle Form des Hasses bezeichnet werden. Sie haben mit Liebe, Eros und Zärtlichkeit nichts zu tun, denn Pornographie erregt nur durch eine vom Menschen abgetrennte Sexualität. Hier arbeiten sich Genitalien aneinander ab. Haß und Destruktion kommen dabei oft unverhohlen zum Ausdruck.

In der griechischen Mythologie gibt es immerhin zwei Frauen, die aus dem Rahmen einer patriarchalischen Welt heraustreten, daran aber zugrunde gehen. Diese Beispiele sind Antigone und Medea. Nach dem Krieg gegen Kreons Herrschaft trotzt Antigone, wieder in Theben, Kreons Verbot und begräbt ihren Bruder; sie verstößt damit gegen das Gesetz des Vaters. Sie hätte diesen Aufstand gegen das öffentliche Gesetz, den sie mit dem Tod büßen muß, für niemanden außer für den Bruder auf sich nehmen können, sagt Antigone.

Nach Hegel ist nur die Beziehung zwischen Bruder und Schwester eine Beziehung der Geschlechter auf gleicher Ebene, weil sie

121

ohne sexuelles Begehren und deswegen auch ohne Gewalt, Trennung, Angst, Entwertung, Verachtung sei. In ihrer Beziehung zueinander seien folglich nur Bruder und Schwester freie Individuen. George Steiner weist in seinem Buch »Die Antigonen« (1884) darauf hin, daß mit der Ersetzung von Hegels Antigone durch Freuds Ödipus zu Beginn des 20. Jahrhunderts der Mythos einer horizontalen mitmenschlichen Beziehung von Geschwistern unterschiedlichen Geschlechts zugunsten einer die männliche und weibliche Entwicklung bestimmenden vertikalen Verwandtschaftsbeziehung, wie die von Kindern und Eltern, aufgegeben wurde.

Der Ödipuskomplex ist unausweichlich vertikal. Infolgedessen ist auch, was in der Psychoanalyse als »Realitätsprinzip« angesehen wird, mit einer Anerkennung der vertikalen Generations- und Geschlechterbeziehung verbunden. Interessanterweise bezeichnet Freud seine Tochter Anna als »meine Antigone«. Darin liegt vielleicht noch eine Hoffnung, zumindest für uns Psychoanalytiker/innen, daß wir in Zukunft mehr zärtliche Geschwisterlichkeit und nicht nur rivalisierende oder homosexuelle, sich gegen Frauen solidarisierende »Brüderlichkeit« erwarten dürfen, auch zwischen den Generationen und Geschlechtern. Damit würden die starren Rollenbilder einer männlich-verhärteten Hierarchie, so demokratisch sie verkleidet sein mag, zur Selbstauflösung verurteilt sein.

9. Frauen, Psychoanalyse und Feminismus

Was ist Psychoanalyse, was Feminismus? Haben diese beiden »Bewegungen« überhaupt etwas miteinander zu tun? Die offizielle Psychoanalyse will mit dem Feminismus nichts zu tun haben. Feministinnen ihrerseits sehen in der Psychoanalyse eine frauenfeindliche Psychologie. Die Psychoanalyse ist eine Wissenschaft der Seele, die Frauenbewegung ein organisierter Kampf um die Stellung der Frau in Politik, Gesellschaft, Familie und Kultur. Die Psychoanalyse, die ich als eine weitgehend »weibliche« Art wissenschaftlichen Erkenntniserwerbs ansehe, begann ein Jahrhundert später als die Frauenbewegung, die sich im Zusammenhang mit der Französischen Revolution erstmalig organisiert hatte. Wann immer seither Zeitströmungen es ermöglichten, gegen Unterdrückung zu revoltieren oder soziale Reformen einzuleiten, wurde auch die unterprivilegierte Stellung der Frau zum politischen Thema. Als Olympe de Gouges 1789 zur Ergänzung der »Menschenrechte« (droits des hommes!) die »Rechte der Frau« aufstellte und den gnadenlosen Ehrgeiz Robespierres offenbarte, wurde sie wenige Jahre später vom männlichen Revolutionstribunal zum Tode verurteilt. Mary Wollstonecraft schrieb etwa zur gleichen Zeit (1792) ihr bekanntes Buch »Vindication of the Rights of Women«. Dessen deutsche Übersetzung stammt von Berta Pappenheim (Anna O.) und erschien 1899. Damit sind von vielen anderen nur zwei bekannte Frauen genannt, die sich im gleichen Zeitabschnitt für Frauenrechte einsetzten, dafür angegriffen wurden oder deswegen ihr Leben lassen mußten.

Noch nach jeder revolutionären historischen Periode, in der Frauen ihre Chance für eine Verbesserung ihrer Situation zu nutzen versuchten, erfolgte der Gegenschlag. Nur durch immer wiederholten Einsatz gelang es Frauen im Laufe der Geschichte, Fortschritte im Kampf um ihre Befreiung zu erringen. Im Code Napoléon wurden ihnen die in der Revolution errungenen Freiheiten weitgehend wieder entzogen. 1848 entwickelte sich in Deutschland eine Situation, die Frauen – was ihre Befreiungswünsche betraf – hoffen ließ. Frauen schlossen sich wieder einmal der Revolution an und forderten eigene Rechte. Luise Otto-Peters gründete die erste deutsche Frauenzeitschrift, die erhebliches Aufsehen erregte, aber bald nach ihrem Erscheinen verboten wurde. Nach dem Mißlingen der Revolution von 1848 lösten konservative Kräfte weitgehend wieder auf, was fortschrittliche Frauen aufgebaut hatten. Das Gros der Frauen war jedoch im Deutschland dieser Jahre ähnlich wie in Frankreich zu Zeiten Napoleons in den patriarchalischen Traditionen so fest verankert, daß es sich mit dem Frauenbild der Unterdrücker identifizierte und der bürgerlichen Reaktion kaum Widerstand entgegensetzte.

Was aber unter »Rechte der Frau« verstanden wurde, wofür die Frauenbewegung kämpfte, war sehr unterschiedlich. Einigen konnten sich im Laufe der letzten beiden Jahrhunderte die meisten der um ihre Freiheit kämpfenden Frauen vor allem darin, sich für gleiche Bildungsmöglichkeiten beider Geschlechter, für politische und rechtliche Gleichstellung einzusetzen und, etwas später, für gleichen Lohn bei gleicher Arbeit. Wenn es aber um ihre Rolle in der Gesellschaft, um das »Wesen der Frau« ging, neigen Frauen bis heute dazu, sich den Werten der Männer und deren Weiblichkeits- und Männlichkeitsvorstellungen anzupassen. »Anstatt die Frauenfrage zu lösen, hat die männliche Gesellschaft ihr eigenes Prinzip so ausgedehnt, daß die Opfer die Frage gar nicht mehr zu fragen vermögen« (Adorno, 1951, S. 116).

Daß es lange vor 1789 bereits gebildete und kämpferische Frauen gab, die sich für neue Möglichkeiten des Frauseins, für eine eigenständige Art des Denkens und Fühlens einsetzten, wurde uns, um nur einige Beispiele von vielen zu nennen, in Arbeiten von Ulrike Prokop (1983) und Sigrid Damm (1988) über das Leben Cornelia Goethes erneut nahegebracht.

Cornelia Goethe war den Widersprüchen des Frauenbildes nicht gewachsen, mit denen die patriarchalische Art der »Aufklärung« sie im Laufe ihres kurzen Lebens konfrontierte. Sie trugen zu der schweren Depression bei, die zu ihrem frühen Tod führte. Cornelia ist ein recht eindrucksvolles Beispiel dafür, daß im 18. Jahrhundert auch Frauen zeitweilig von der Aufklärung profitierten. Kants Devise, daß alles in Zweifel gezogen werden müsse, machten sich männliche Aufklärer zu eigen, sie setzten sich für neue und andere Vorstellungen von Weiblichkeit wie für eine umfassende Bildung der Frau ein. Das war jedoch von kurzer Dauer. Im schnellen Wechsel dessen, was als »Weiblichkeit« Frauen jeweils aufgedrängt wurde, zerbrach die Beziehung Corneliass zu ihrem Bruder Johann Wolfgang. Niemand stand Cornelia so nahe wie er, der für sie der wichtigste Gesprächs- und Denkpartner war; er vor allem hatte sie dazu angeregt, sich kritisch zu bilden, um dann wenige Jahre später gelehrte Frauen für unweiblich zu erklären und sie in ihre alte Rolle der sich anpassenden und unterwerfenden Ehefrau zurückzuverweisen. Aus der Aufklärung, die sich um Denkfreiheit, um kritisches Infragestellen bisheriger Werte und Rollen bemühte, wurde endgültig eine Aufklärung nur für Männer. Ich werde darauf noch zurückkommen.

Kürzlich erschien eine neue Biographie der Lou Andreas Salomé (Welsch u. Wiesner, 1988). Lou wurde ein gutes Jahrhundert später als Cornelia Goethe geboren. Sie nahm für sich die gleiche Freiheit in Anspruch wie Männer und setzte es durch, mit einem Mann zusammenzuleben, ohne mit ihm verheiratet zu sein und ohne sexuelle Beziehungen zu ihm aufzunehmen. Ihr äußeres Leben verlief vollkommen anders als das von Cornelia Goethe. Bei näherer Betrachtung sind die Probleme der beiden äußerlich so unterschiedlich lebenden Frauen jedoch auch vergleichbar. Liest man in der Biographie über Lou Andreas Salomé zwischen den Zeilen, gewinnt man den Eindruck, daß ihr Kampf um Bildung und Selbstbefreiung nicht nur von bürgerlichen Zeitgenossen, sondern auch von »aufgeklärten« Psychoanalytiker / innen eher negativ beurteilt wurde; sie wird als männlich identifizierte, »phallische« Frau etikettiert. Beide, Cornelia wie Lou, machen von neuen Denkmöglichkeiten Gebrauch, sei es von der Philosophie und Literatur der Aufklärung, sei es von der Psychoanalyse. Beide, Aufklärung wie Psychoanalyse, waren und sind für Frauenbild und Frauenrolle befreiend und einengend zugleich.

Cornelia konnte sich gegen die Schwankungen des Frauenbildes, das sie nach kurzer Zeit einer Befreiung in enge eheliche Verhältnisse zurückverwies, nicht zur Wehr setzen. Ihr Kampf um die Aufrechterhaltung des vertrauten Verhältnisses zu ihrem Bruder Johann Wolfgang Goethe wurde von diesem nicht unterstützt. Sie starb früh an der Verständnislosigkeit, mit der vor allem er, aber auch andere befreundete Menschen ihr entgegentraten, und an der geistigen Einengung, der man sie während ihrer Ehe aussetzte. Lou dagegen kämpfte weit erfolgreicher um ihre Befreiung. Sie mißachtete Konventionen, ließ sich nicht unterdrücken und blieb am Leben; vielleicht trug dazu bei, daß sie sich dem sexuellen Begehren, dem eigenen wie dem der Männer, bis über ihr dreißigstes Lebensjahr hinaus entzog. Mit Nietzsche, ihrem zeitweiligen Lebensgefährten Paul Rée und ihrem ersten Lehrer Hendrik Gillot hatte sie intensive geistige und intellektuelle Dispute. Eine intime Beziehung ging sie mit keinem von ihnen ein. Auch zu ihrem Ehemann, Friedrich Carl Andreas, vermied sie sexuelle Kontakte, hatte aber eine lebenslange freundschaftliche Beziehung mit ihm. Der um viele Jahre jüngere Rilke wurde nicht nur ihr Freund, sondern auch ihr erster Geliebter. Sie hat diese Art der Beziehung zu ihm von sich aus abgebrochen, als sie fürchtete, von ihr eingeschränkt zu werden; wahrscheinlich auch, weil ihr sexuelles Interesse an Rilke erlosch.

Im letzten Drittel ihres Lebens fühlte sie sich in der Psychoanalyse beheimatet. Wenn sie auch nie einem engeren psychoanalytischen Zirkel angehörte, brachte ihr die Freundschaft mit Sigmund und Anna Freud auch bei anderen Psychoanalytiker/innen eine gewisse, wenn auch ambivalente Achtung ein. Sie blieb eine Individualistin und interessierte sich so wenig für psychoanalytische Vereinspolitik wie für politisch organisierte Frauengruppen, die auch ihr wenig Respekt und Interesse entgegenbrachten. Sie kämpfte vor allem um die eigene Freiheit. Ihr lag an der Gesellschaft von solchen Männern, die sie als ihr ebenbürtig erlebte, mit denen sie sich religiös, philosophisch und psychologisch auseinandersetzen konnte. Ihr ging es darum, auf der Höhe des Denkens ihrer Zeit zu sein, aber auch darum, sich selber besser zu verstehen.

Erst nach ihrem dreißigsten Lebensjahr interessierten sie Männer auch sexuell. In diesen Beziehungen lag ihr offenbar genausoviel daran, selber zu begehren wie begehrt zu werden. Die Sexualität ist für sie Höhepunkt eines narzißtischen Glücks (s. a. Welsch u. Wiesner, 1988, S. 319). Damit meint sie, so scheint es, ein zwischen den Partnern gleichermaßen offen ausgetragenes aktives geistiges und körperliches Begehren. Mit der Angst vor Liebesverlust verbindet sich bei Frauen oft die Angst, eigene sexuelle Wünsche, eigenständiges Wissen zu äußern oder auch nur kennenzulernen. Diese Ängste waren bei ihr im Vergleich zum damals üblichen weiblichen Verhaltensmuster nur wenig ausgebildet.

Für Freud war sie eine interessante Gesprächspartnerin. Er schätzte sie offenbar sehr; auf jeden Fall war sie die einzige Frau, mit der er über mehr als 25 Jahre einen regelmäßigen Briefwechsel unterhielt. Freud hing bekanntlich einem mehr oder weniger konventionellen Frauenbild an, gleichzeitig trug er durch die Aufdeckung des Unbewußten und Verdrängten dazu bei, daß sich das Erinnerungsvermögen verstärkte; damit gewannen Frauen einen größeren Überblick über ihre Erziehung und die damit einhergehende Versklavung. Daß Freud sich von Lou

Andreas Salomé wohl gerade durch ihre aus der Konvention herausfallende, freie Art zu leben und zu denken besonders angezogen fühlte, läßt vermuten, daß seine Frauenbilder ihn in der Realität eher langweilten. Eine besondere sexuelle Anziehung zumindest scheint nicht der Grund für diese über so viele Jahre andauernde Beziehung gewesen zu sein.

Freud hat am Ende seines Lebens offen über seine Schwierigkeit gesprochen, die Entwicklung des kleinen Mädchens psychoanalytisch zu erklären. Als er Marie Bonaparte fragte: »Was will das Weib?«, räumte er damit ein, von der weiblichen Entwicklung nur wenig verstanden zu haben. Die ihm nachfolgenden Psychoanalytiker/innen haben seine Zweifel jedoch kaum ernst genommen; sie übernahmen mehr oder weniger unkritisch seine Vorstellungen der weiblichen Entwicklung als gesicherte Theorie.

Doch zurück zur Geschichte der Psychoanalyse. Sie entstand ein Jahrhundert später als die organisierte Frauenbewegung. Nach dem Ersten Weltkrieg verbreitete sie sich sprunghaft, wurde 1933 von Hitler unterdrückt und verfolgt, erlitt damit das gleiche Schicksal wie die autonome und sozialistische Frauenbewegung. Nach der erzwungenen Emigration deutscher und österreichischer, meist jüdischer, Analytiker in angelsächsische Länder setzte sich die Psychoanalyse vor allem in den Vereinigten Staaten durch und erwarb sich einen internationalen Ruf. In Amerika wurde sie in viel größerem Ausmaß als im Europa der zwanziger Jahre von Ärzten vertreten, die die Laienanalyse ablehnten. Die Ärzteschaft der USA setzte sich vorwiegend aus Männern zusammen. Mit der amerikanischen Entscheidung, Laien als Psychoanalytiker abzulehnen, wurden auch weniger Frauen zur psychoanalytischen Ausbildung zugelassen. Die Diskussion über die psychoanalytische Weiblichkeitstheorie stagnierte. Erst in den sechziger und siebziger Jahren ist sie (zuerst in Frankreich und England) wiederaufgenommen worden. Nach dem Untergang der Psychoanalyse in den von Hitler beherrschten deutschsprachigen Ländern und viele Jahre danach war sie auch dort für die meisten Psychoanalytiker/innen von nur geringem Interesse.

Während und nach dem Ende des Zweiten Weltkrieges – ähnliches geschah natürlich schon im Ersten Weltkrieg – hatten Frauen Arbeiten und Aufgaben zu übernehmen, die sonst Männern überlassen waren, und haben dadurch an Selbständigkeit gewonnen. Nach Rückkehr der Männer aus der Gefangenschaft und nach Überwindung einer Schockphase der ihres Herrenrassentums entkleideten Männer kam es jedoch in den fünfziger Jahren erstaunlich schnell zu einer Restauration patriarchalischer Verhältnisse.

Die Männlichkeits- und Weiblichkeitsideale veränderten sich mit dem Kriegsende kaum. Als Folge blieb die Frauenbewegung in all ihren radikaleren Variationen bis 1968 mehr oder weniger vergessen. Erst im Verlauf der Studentenrevolte erinnerten sich Frauen an den fast zwei Jahrhunderte währenden Kampf um Freiheit und Rechte der Frauen, und ihnen ging auf, daß schon sehr lange vor Hitler die Frauen sich auf sich selbst und ihre Situation besonnen hatten. Was Generationen von Frauen vor ihnen erkannt hatten, wurde endlich erneut in Besitz genommen.

Zwölf Jahre der totalen Reaktion hatten ausgereicht, das aufgeklärte Denken von Männern wie von Frauen in Vergessenheit geraten zu lassen; es wurde nur langsam neu entdeckt. Die Studentenbewegung begann mit einer Phase der Neuaneignung des verlorengegangenen, vergessenen Wissens. In der ersten Phase beschäftigten sich beide Geschlechter intensiv mit der nationalsozialistischen Vergangenheit. Das dauerte jedoch nicht allzu lange. Bald waren nicht mehr die Nazis und Nazideutschland schuld am Morden und Zerstören, sondern der Kapitalismus (s. a. Reiche, 1988). Eine neue Phase des Verdrängens und der Schuldverschiebungen begann. Nur die Frauenbewegung blieb mit ihrem vitalen Interesse an Veränderung der Gegenwart und am Lernen aus der Vergangenheit ein politisch und gesellschaftlich lebendiger Faktor.

Kommen wir zu unserer Frage zurück: Was hat die Psychoana-

129

lyse für die Befreiung der Frau geleistet? Oder inwiefern ist sie, wie manche Feministinnen meinen, eine »Psychologie gegen Frauen«? Um diese Frage zu beantworten, möchte ich die historische Entwicklung dieser beiden Bewegungen noch einmal kurz zusammenfassen: Aufklärung der Frauen, das Wissen um ihre Stellung in der Gesellschaft, den Kampf um gleiche Rechte gab es über Jahrhunderte; der Versuch, sich politisch zu organisieren, beginnt erst im Laufe der Französischen Revolution. Seither waren Frauen und Frauenbewegungen von den jeweiligen revolutionären historischen Strömungen abhängig, in denen sie eine Chance erhielten, ihre Situation zu verändern, gegen reaktionäre Frauenbilder, gegen die daraus folgende gesellschaftliche Diskriminierung und das private Unrecht zu kämpfen.

Die Psychoanalyse entstand Ende des vergangenen Jahrhunderts. Das psychoanalytische Denken, so neu und eigenständig es war, ist zweifellos nicht unabhängig von dem Denken Feuerbachs, Nietzsches, vor allem Schopenhauers (s. Freud, GW XIV, S. 86), aber auch Brentanos, Goethes und mancher anderer Dichter und Denker; das heißt, die Psychoanalyse erwuchs auf dem Boden eines aufklärerischen wie auch materialistisch-naturwissenschaftlichen Denkens, das allerdings nur für kurze Zeit die Situation von Frauen in seine Bemühungen um Entmythologisierung einschloß. Renate Schlesier (1981) hat ausführlich dargestellt, daß es auch in der psychoanalytischen Theorie ein Problem von Entmythologisierung und Remythologisierung gibt. Auch Christa Rohde-Dachser (1989) verweist auf die Dialektik von Aufklärung und Remythologisierung in Freuds Theorie der Weiblichkeit.

Die rationale Aufklärung zu benutzen, sie gleichzeitig zu revolutionieren, war dennoch Sache der Psychoanalyse. Mit Hilfe ihrer Methode der Erforschung des Unbewußten, der triebbedingten Phantasien und verdrängten Motive, die unsere persönlichen wie kollektiven Handlungs- und Verhaltensweisen weitgehend beeinflussen, wurde angeblich »rationalen« Begründungen der Boden entzogen; sie wurden als »Rationalisierungen«, d. h. als

Abwehr der ihnen zugrunde liegenden Motive, offengelegt. »Ratio« trägt oft weniger zur Aufklärung der Wahrheit als zu deren Verdunklung bei. Obwohl die Psychoanalyse an traditionellen Frauenbildern festzuhalten schien, geriet mit diesen Erkenntnissen natürlich auch die bis dahin feststehende Vorstellung von »Weiblichkeit« ins Wanken. Die Aufhebung der Verdrängungen befreite die Erinnerung. Frauen begannen sich und ihre Situation besser zu verstehen. Die Psychoanalyse lehrte sie, über ihre Erinnerungen, über ihre inneren und äußeren Erfahrungen und Phantasien zu sprechen, die ihnen oft erst dadurch greifbar wurden.

Simone de Beauvoir, die sich in vielen ihrer Bücher kritisch über die Psychoanalyse geäußert hat, sagte in einem Interview mit Alice Schwarzer zu ihrem 70. Geburtstag: »Wäre ich allerdings heute dreißig oder vierzig, ja dann würde ich wahrscheinlich die Psychoanalyse aufarbeiten... aus einer weiblichen, statt aus einer männlichen Sicht« (1978).

Vielleicht geht es wirklich nur darum, in der Psychoanalyse aus dem unmittelbaren Erleben der Frauen zu lernen, um den »dark continent« der bisherigen psychoanalytischen Weiblichkeitstheorie zu erhellen. Freud hat bei seiner Theorie der Weiblichkeit vorwiegend die männlichen Phantasien und Ängste zu Worte kommen lassen. Insgesamt hat er aber durch seine die vordergründige Ratio in Frage stellende Methode der Aufklärung neue Dimensionen erschlossen. Er hat zum Nachdenken darüber angeregt, woher die geheime Angst der Männer vor den Frauen und woher deren Frauenverachtung stammt.

Die Kastrationsangst, die die gesamte Männergeschichte prägt, konnte quasi auf die Frau abgeschoben werden: Ihr, nicht ihm, fehlte das Wesentliche. Wenn nun im männlichen Unbewußten die Hälfte der Menschheit, die weibliche, bereits kastriert war, ohne daran zugrunde gegangen zu sein, ließ sich die Angst bei der anderen Hälfte, der männlichen, offenbar besser ertragen. Angst und Selbstverachtung konnten nun schmerzlos auf das Mangelwesen Frau projiziert werden.

Die psychoanalytische Männlichkeitstheorie entstammt vor allem der psychoanalytischen Innenschau Freuds. Mit den Erkenntnissen über die eigene innere Erlebniswelt und deren Phantasiebearbeitungen wurden ihm seine Konflikte wie die seiner männlichen Patienten durchschaubar. Für seine Weiblichkeitstheorie reichte seine Selbstanalyse nicht aus. Sie ist deswegen von einer männlichen Sicht, von männlichen, auf Frauen projizierte Phantasien geprägt. Frauen selber, deren eigene Phantasien, Wünsche und Realitätsverarbeitungen, kommen nicht genügend zu Wort. Da Frauen aber so lange gelernt haben zu schweigen, sich den auf sie projizierten Phantasien anzupassen, lernen sie nur mühevoll, das eigene Begehren, Wollen und Denken wahrzunehmen.

Die Leistung der Psychoanalyse, ihr Beitrag zur Verbalisierung und theoretischen Zusammenfassung der seit so vielen Jahrhunderten auf Frauen projizierten Männerphantasien sollte jedoch nicht unterschätzt werden. Ihr lag immerhin der Wunsch zugrunde, Frauen besser zu verstehen – und gleichzeitig natürlich auch der Wunsch, Frauen möchten doch, bitte, ein Geheimnis bleiben. Durch den Prozeß einer assoziativen psychoanalytischen Selbstwahrnehmung lernten nun auch Frauen, sich mit Hilfe der Sprache zur Wehr zu setzen und die ihnen eigenen Wünsche, Erlebnisse, Ängste und Anpassungsmechanismen besser kennenzulernen. Da Psychoanalyse Aufklärung über das Unbewußte, d. h. der Versuch seiner Enträtselung ist, schließt das *nolens volens* die Aufdeckung der unbewußten Motive und Phantasien ein, die in die Weiblichkeitstheorien Freuds und seiner Schüler eingeflossen sind.

Trotz aller Kritik an der psychoanalytischen Theorie wird diese in ihrer Gesamtheit – auch von feministischen Therapeutinnen – als differenzierteste und erklärungsstärkste Theorie des Unbewußten angesehen. Eine entsprechend umfassende Theorie, mag sie auch mit männlichem Blick gesehen und von männlichen Phantasien beeinflußt sein, hat bisher die feministische Bewegung meines Wissens nicht geliefert. Da aber die Freudschen Theorien der Weiblichkeit eben den Stempel männlicher Abwehrmechanismen tragen, in denen die Frau zum Mangelwesen erklärt wird, wächst das Bedürfnis, an einer Psychoanalyse zu arbeiten, in die Frauen ihre spezifisch weiblichen Erfahrungen, Konflikte, Ängste und Phantasieverarbeitungen einbringen, auch wenn damit eine in sich weitgehend geschlossene Theorie vorläufig aufgegeben werden muß.

Aber müssen nicht in einer Theorie immer wieder Positionen aufgegeben werden, wenn diese lebendig bleiben soll? Gehört das »Schwanken«, das »Vortasten« nicht zum Wesen der psychoanalytischen Wahrheitssuche, die niemals eine letzte, allumfassende Wahrheit erreichen kann? Freuds »Schwanken« zwischen phantasierter und tatsächlicher Verführung als Ursache der Hysterie endete zugunsten der triebbedingten Phantasien, obwohl wahrscheinlich beides miteinander verwoben ist. Die Phantasie der Hysterikerin von der Verführung durch den Vater mag nicht mit einer realen Verführung, sondern nur mit den unbewußten Phantasien des Vaters übereinstimmen und gewinnt allein dadurch ein Stück weit »Realität«.

Wird es uns gelingen, auf diesem zwischen Phantasie und Realität schwankenden Boden die psychoanalytische Weiblichkeitstheorie mit der inneren und äußeren Wirklichkeit von Frauen in Übereinstimmung zu bringen, oder brauchen wir einen Paradigmenwechsel, wie Christa Rohde-Dachser (1989) meint, damit Frauen sich endlich dem patriarchalischen Denken und den Männerphantasien entziehen, ihre eigene Geschichte erzählen, ihr eigenes Leben leben können?

Unbeantwortet bleibt für uns Frauen noch unendlich vieles, so die Frage: Was ist das nun, das weibliche Begehren, das sich ja nicht aufs Biologische und Genitalsexuelle beschränken kann, sondern auch ihren Wissensdurst, ihre Erkenntnis- und Erfahrungslust einbeziehen muß, wenn es nicht, wie in der Psychoanalyse angenommen, nur eine Reaktion auf das männliche Begehren ist oder nur ihren Wunsch nach einem Penis oder Penisersatz (= Kind) entstammt?

Indem Psychoanalytiker/innen zu beweisen versuchten, daß die Frau bereits in frühester Kindheit sich ihrer Vagina als spezifisch weiblichem Organ bewußt werde und darauf nicht weniger stolz sei als der Knabe auf seinen Penis, waren auch sie Opfer verdinglichten phallisch-genitalen Denkens und übergingen das Begehren und die Phantasiebearbeitung derjenigen Realität, der Frauen ausgesetzt sind und in der sie selber nicht zu Wort kommen. Das wurde besonders deutlich, wenn damit quasi zum Trotz bewiesen werden sollte, daß eine Frau sich von früh an als vollständiges geschlechtliches Wesen und nicht als zerstörtes erlebt. Mann und Frau werden in diesen an psychoanalytischem Denken vorbeigehenden Bemühungen auf vereinfachende Weise in ihrem geschlechtlichen Erleben gleichgestellt. Der Mann ist auf seinen Penis stolz, die Frau auf ihre Vagina, eine Gleichstellung der Geschlechter, die nur seelenlose Leere vermittelt und kaum der Weisheit letzter Schluß für eine psychoanalytische Weiblichkeitstheorie sein kann.

Unter Psychoanalytiker/innen und Feministinnen wird heftig darüber diskutiert, ob überhaupt oder wann und warum sich im Laufe der Kindheitsentwicklung so etwas wie ein Penisneid einstellt. Viele Fragen blieben hier bisher unbeantwortet, da zwischen Direktbeobachtungen einerseits und Triebschicksalen als Folge von Traumata und deren unbewußten Phantasiebearbeitungen andererseits oft kein Unterschied gemacht wurde.

Manche »praktischen« Fragen, bei denen es um eine Verbindung zwischen Erziehung, Körpergefühlen und deren psychischer Verarbeitung geht, lassen sich meiner Meinung nach dennoch legitim stellen: Genießt der kleine Junge seinen Penis, weil er ihn anfassen kann, ja, anfassen muß, damit seine Reinlichkeitserziehung Erfolg hat? Mit dem Anfassen kann sich ein Lustgefühl verbinden, die Erektion wird als ein Wunder der Veränderung eines Organs erlebt, was den kleinen Jungen mit Erstaunen und Stolz, aber offenbar auch mit Angst erfülllen kann. Das sind Körpergefühle, die dem kleinen Mädchen nicht gegeben sind. Ob es nun vaginale Erregungen frühzeitig bei ihr gibt oder »nur«

klitoridale, sei dahingestellt, zumindest wird das Mädchen nicht täglich dazu angeleitet, seine Genitalien zu berühren. Das ist eher verpönt. Beide, Knabe wie Mädchen, spüren im Laufe der ersten Lebensjahre genitale Sensationen, ohne daß solche Gefühle mit Phantasien über das andere Geschlecht verbunden sein müssen.

Die orale Lust, das Begehren nach der Brust der Mutter, erleben Knaben wie Mädchen gleichermaßen. Der »Brustneid« spielt im Leben des Mannes bekanntlich eine erhebliche Rolle. Wenn aber Kinder nicht gestillt werden, wenn es die Flasche ist, nach der sie begierig greifen, dann bleibt es sich wahrscheinlich gleich, welchen Geschlechtes der Mensch ist, der ihnen die Flasche gibt, Hauptsache, es ist eine liebevoll-einfühlende Beziehung mit einem entsprechenden Körperkontakt zwischen beiden vorhanden. Wie auch immer, unser Hunger verlangt danach, gestillt zu werden, ob es sich um oralen, sexuellen, intellektuellen oder den nach Anerkennung und Liebe handelt.

Weitere nach dem Unterschied von männlichem und weiblichem Erleben immer wieder gestellte Fragen sind: Sehnt sich »das Weib« mehr als der Mann nach dem Geliebtwerden? Sind ihre Wünsche, ihre Handlungsmotive weniger triebhaft als seine, sind sie eher als eine Reaktion auf seine, des Mannes, Wünsche anzusehen? Sind ihre Triebe schwächer als seine? Ist die Psychoanalyse als Triebtheorie vor allem eine Theorie für Männer? Onaniert das Mädchen weniger als der Knabe oder ist es nur gehemmter, weil man es kaum ermuntert, seine Genitalien anzufassen? Die Erfahrung lehrt: Wenn das kleine Mädchen sexuell nicht allzusehr beengt und eingeschränkt wird, spielt offenbar die Lust am Spiel mit seinem Genitale keine geringere Rolle als beim Knaben.

Simone de Beauvoir (Schwarzer, 1978) sagte von sich, daß ihr Kopf sie immer weit mehr beherrscht hätte als ihr Körper. Ihre genitalen Wünsche seien für sie nur in Verbindung mit der Liebe zu einem anderen Menschen von Bedeutung gewesen. Ihre Pubertät beschreibt sie als die einzige Zeit in ihrem Leben, in der sie ihre Sexualität, ohne daß diese auf ein ganz bestimmtes menschliches Objekt gerichtet gewesen sei, als bedrängend erlebt habe. Mit zwölf hätte sie die Heirat kaum abwarten können, da Sexualität ohne Ehe für sie damals undenkbar schien. Aber ohne Zweifel wurde auch sie durch ihre Erziehung und ihre Männerbeziehungen frühzeitig daran gehindert, ihr Begehren kennenzulernen und frei zu äußern.

Männer, im Gegensatz zu Frauen, brauchen, so wurde es zumindest oft behauptet, das andere Geschlecht nicht oder wenig, um ihre sexuelle Lust zu entdecken, geschweige denn um ihre Anerkennungsbedürfnisse zu befriedigen. Die Frau bleibt für sie oft nur als Bestätigung ihrer Potenz interessant, d. h. als Sexualobjekt, das »Mann« bis heute geneigt ist, zu verachten oder als idealisierte, entsexualisierte Frau und Mutter in den Himmel zu heben, um dann unbeirrt seine eigenen »männlichen« Wege zu gehen. Um ihr Anerkennungsbedürfnis zu befriedigen, brauchen Männer vor allem ihresgleichen. Die untergründige Homosexualität, die die männliche mehr oder weniger frauenfeindliche »Demokratie« zusammenhält, ist seit langem bekannt.

Ich fasse zusammen: Analytikerinnen wurde von Feministinnen vorgeworfen, die psychoanalytischen Weiblichkeitstheorien unkritisch zu übernehmen und damit Frauen einer sexistischen Gesellschaft anzupassen. Frauen werde in der Psychoanalyse nahegelegt, sie seien an ihren neurotischen Symptomen selbst schuld und sie hätten die Ursache für ihr Leiden nicht in der Männergesellschaft, sondern bei sich selber zu suchen. Faktisch schließt das eine das andere natürlich nicht aus.

In den USA gibt es, trotz verbreiteter gegenseitiger Ablehnung, Verbindungen zwischen feministischen und psychoanalytischen Forschungen. Die Arbeiten von Chodorow (1978) und Gilligan (1982), in weiten Kreisen bekannt geworden, bezeugen dies. Nach Chodorow läßt sich das Verhalten von Männern und Frauen durch die Beziehung zur Mutter in der frühen Kindheit erklären. Mädchen identifizieren sich ursprünglich mit der Mutter, deren Eigenschaften und Funktionen, Knaben ebenso, nur müßten diese sich frühzeitig aus den Identifikationen mit der Mutter lösen. Das habe zur Folge, daß die männliche Geschlechtsidentität immer reaktiv-defensiv bleibe. Ähnliche Erkenntnisse finden sich auch in den Publikationen der etablierten Psychoanalytiker/innen. Ich möchte in diesem Zusammenhang auf die Arbeit von Greenson (1968) verweisen, einer unter mehreren in der psychoanalytischen Literatur, die sich mit dieser Problematik beschäftigt haben.

Nach Gilligan ist die Moralität der Frauen unmittelbar verbunden mit Fürsorge und verpflichtenden Beziehungen zu anderen Menschen, während Männer das Moralische in den Begriffen von Systemen und Gesetzen unterbringen und die Gerechtigkeit in den Mittelpunkt ihrer moralischen Bestrebungen stellen.

Auf zahlreiche weitere Arbeiten der feministisch-psychoanalytischen Forschung, wie in Frankreich Olivier (1980) und Irigaray (1974), kann ich hier nur hinweisen. Bei Dinnerstein (1976) finden sich erhellende Erkenntnisse über das »Arrangement der Geschlechter«, die über das hinausgehen, was in der Psychoanalyse zu diesem Thema bisher geschrieben wurde. Entweder werden in diesen Beiträgen psychoanalytische Erkenntnisse der weiblichen Entwicklung erweitert oder bisherige Theorien ad absurdum geführt. Eine neue in sich geschlossene psychoanalytisch-feministische Theorie wurde bisher nicht aufgestellt, was sicherlich eher zu begrüßen ist.

Seit Freud wurde in der Psychoanalyse vor allem die präödipale Periode beider Geschlechter näher untersucht. Die Erforschung dieser Kindheitsphase führte auch zu neuen Erkenntnissen über deren frühe geschlechtsspezifische Entwicklung. Bei dieser Art der Forschung handelt es sich vor allem um Direktbeobachtung frühkindlicher Verhaltensweisen; mit deren Hilfe soll zur Verifizierung oder Erweiterung wie auch zur Falsifizierung psychoanalytischer Hypothesen beigetragen werden. Die Wirkung der psychischen Verarbeitung kindlicher Erlebnisse läßt sich durch Beobachtung des Spielverhaltens verstehen.

Man weiß auch mittlerweile, daß genitale Spiele in den ersten Lebensjahren der Untersuchung des Körpers, der Festigung des Körperbildes dienen. Der Junge wie das Mädchen versuchen, sich anhand ihres Körpers mit sich selber bekannt zu machen und dadurch ihre Geschlechtsidentität zu entwickeln. Spielerischer Umgang mit den Genitalien erfüllt in den ersten Jahren weit mehr den Zweck, seinen Körper zu erforschen, als die Befriedigung sexueller Lust; erst viel später, mit der Entwicklung entsprechender Phantasien, ist die Onanie mit genital-orgastischer Sexualität verbunden.

Zusammenfassend läßt sich sagen: Während in der Psychoanalyse die Frau im Hinblick auf ihren Mangel definiert wurde, liegt den feministisch orientierten Therapeutinnen daran, sie über das zu definieren, was sie besitzt. Daraus ergibt sich leicht eine defensive Art der Argumentation. Denn faktisch besteht der »Mangel« ausschließlich in der Phantasie von Männern und Frauen. Nur in einer Gesellschaft, die das männliche Glied idealisiert, wird dieses zum Objekt des Neides (Torok 1964). Neuerdings gelangen Psychoanalytikerinnen Lacanscher Provenienz spitzfindig zu dem Schluß, daß der »Mangel« der Frau, z. B. ihre angebliche Sublimierungsunfähigkeit, darauf zurückzuführen sei, daß sie eben als Kind *keinen* Mangel erleide. Der Knabe müsse sich wegen der Inzest-, der Kastrations- und Regressionsgefahr (Rückkehr in den Mutterleib) frühzeitig von der leiblichen Beziehung zur Mutter lösen und deswegen eine Welt der Abstraktionen und der sublimierten Wunscherfüllungen aufbauen. Das Mädchen dagegen (diesmal glücklicherweise nicht im Besitz des gefährdeten Penis) könne die enge leibliche Beziehung zur Mutter aufrechterhalten. Dadurch fehle aber der Anlaß, Wünsche zu sublimieren und sich eine geistige Welt aufzubauen. Eine Argumentation, die faktisch der Freudschen Konstruktion entspricht, daß dem Mädchen die Kastrationsangst weitgehend fehle, die nötig sei, um ein Überich aufzubauen. Aus einem »fehlenden Mangel« wird erneut ein gravierender Mangel.

Weiterhin werfen Feministinnen der Psychoanalyse vor, daß sie Menarche und Schwangerschaft in ihrer Bedeutung für die weibliche Entwicklung ungenügend beachtet habe. Einigkeit zwischen beiden Forschungsrichtungen, der feministischen wie der psychoanalytischen, besteht heute darüber, daß die Klitoris kein verkümmerter Penis ist, sondern Teil des weiblichen Genitales, und daß Masturbation an der Klitoris eine Selbstverständlichkeit, auch während der Latenzzeit, ist. Das sind Erkenntnisse, die sich aus den Ergebnissen unmittelbarer wissenschaftlicher Forschung und Beobachtung ergaben. Sie sind von großer Bedeutung. Die Erforschung der unbewußten Phantasiearbeit, des innerseelischen Umgangs mit der äußeren Realität bleibt jedoch die Essenz der Psychoanalyse.

Die reduktionistische Gleichsetzung zwischen dem Wunsch der Frauen nach einem Baby und dem nach einem Penis wird mittlerweile nicht nur von Feministinnen, sondern auch von vielen Psychoanalytiker/innen abgelehnt. Der Kindeswunsch einer Frau wird vielmehr als Zeichen der Identifikation mit der Mutter oder auch als Rivalität mit ihr und weniger als Ausdruck eines Penisneides angesehen.

Die Selbstsucht, die jedes Kind ursprünglich beherrscht, wird dem Knaben durch seine geschlechtsspezifische Erziehung weniger abgewöhnt als dem Mädchen, das früher und konsequenter zur Einfühlung in andere erzogen wird. Das sind Eigenschaften, die zugleich Folge einer nicht unterbrochenen Identifikation mit der Mutter und deren Funktionen und Verhaltensweisen sind, was dem Knaben genauso zugute kommen könnte, wenn ihm nicht frühzeitig falsche Männlichkeitsideale in den Weg gestellt würden.

So gibt es zahlreiche Verbindungen zwischen feministischen und psychoanalytischen Forschungen, die beide Richtungen bereichern können, wenn beide bereit sind, voneinander zu lernen. Faktisch ist ein Paradigmenwechsel der bisherigen Vorstellungen von Weiblichkeit und Männlichkeit auch in der Psychoanalyse schon längst im Gange, mögen das auch viele Psychoanalytiker / innen bisher nicht bemerkt haben. Das schließt die Gefahr nicht aus, daß die zarte Pflanze eines eigenständigen weiblichen Diskurses in der Psychoanalyse zertreten wird, bevor sie ausgewachsen oder auch nur widerstandsfähig geworden ist.

Torok und Rand (1989) weisen in ihrer Arbeit darauf hin, daß die blinden Flecke Freuds von einem eigenen seelischen Trauma herrührten, das kaschiert und vergessen werden mußte, so daß mit der Beerdigung seines Wissens darüber diese Teile seiner Ich-Entwicklung begraben wurden und seine Offenheit gegenüber dem »Weib« in ihm verlorenging. Wichtige Bereiche seiner Gefühle, Erinnerungen und deren Verarbeitung waren ihm dadurch offensichtlich nicht mehr zugänglich. Freuds Onkel war in eine gefährliche Geldfälscheraffäre verwickelt, was von der Familie vertuscht wurde. Seine Kinderfrau wurde einige Jahre zuvor wegen geringfügigen Diebstahls von seinem Bruder mit Billigung der Familie angezeigt und ins Gefängnis gesteckt. Ein für Freud höchst bedeutsamer Mensch ging ihm dadurch verloren. Ist sein Onkel nun ein Krimineller, eine Familienschande, oder ist er es nicht? Hat seine Kinderfrau ihn verführt und wurde sie deswegen von seiner eifersüchtigen Mutter ins Gefängnis geschickt? Oder hat er selbst seine Kinderfrau verraten? Gibt es für das Sphinxrätsel nur eine einzige Lösung oder gibt es mehrere? Hat Freud das Rätsel der Sphinx gelöst, um gleichzeitig ein anderes in seinem Inneren ungelöst zu verbergen? Wer ist der größere Verbrecher: die Kinderfrau oder der Onkel, er selbst oder seine Mutter und sein Bruder? Freud entschied sich wohl, weitgehend unbewußt, für die eigene Familie und verdrängte das Verbrechen des Onkels (auch zwei Halbbrüder waren darin verwickelt) wie das eigene gegen die verführerische Kinderfrau, obwohl oder gerade weil er dieser Frau sicherlich mehr zugetan war als dem Onkel. Gegen das Bewußtwerden des mütterlichen Begehrens und der mütterlichen Eifersucht wehrte sich offenbar so ziemlich alles in ihm. Vielleicht haben auch diese frühkindlichen Erlebnisse etwas mit seinen Verinnerlichungen weiblicher Verhaltens-, Denk- und Gefühlsweisen zu tun, die er verdrängte,

140

gegen die er seine Abwehr aufbaute und die dennoch in seiner psychoanalytischen Methode wirksam blieben.

Ist Freud nun Ödipus oder ist er die Sphinx? »Das Freudsche System ist ein vereiteltes System der Enträtselung. Denn dort, wo eine Enträtselung hätte sein können, verwandelt der Enträtseler sich in eine Sphinx« (Torok u. Rand), d. h. in eine rätselhafte Frau, deren innere Existenz aber der Verdrängung anheimgefallen ist. So bleibt sich Freud gleichzeitig selber ein Rätsel, daher vielleicht seine Frage: »Was will das Weib?«, die man ergänzen könnte: »Was will das Weib – in mir?«

Der Teil von Freud, der sich mit Ödipus identifiziert, ist der Sohn, der den Vater tötet, um selbst zum Herrscher zu werden, d. h. das Patriarchat zu verewigen. An ihm geht aber nicht nur der an seinem Schicksal durchaus mitschuldige Laios zugrunde, sondern auch die Sphinx und Jokaste (als Vertreter des Matriarchats) wie auch Ödipus selbst, wenn er darauf beharrt, das Geheimnis seiner Herkunft zu lösen. Das Verbrechen seines Vaters (= Onkels), die Gefahr einer Erfüllung seiner Inzestwünsche (einer Rückkehr in den Mutterleib), durch das Begehren der Mutter in verführerische Nähe gerückt, mag Freud wegen der damit verbundenen tödlichen Gefahren in seiner Theorie des Ödipuskomplexes wie in seiner Selbstanalyse verdrängt haben. Bei ihm ist die Libido vor allem männlich; die passive Frau gibt sich dem Mann hin, kennt selbst als »richtige« Frau wenig aktive Sexualität. Ohne Erkenntnishunger oder Wissensdurst, hat sie auch keine Wünsche, im gesellschaftlichen Kontext zu Wort zu kommen und den Verlauf der Geschichte mitzubestimmen. Kulturell ist sie daher ohne Bedeutung.

So blieb das Freudsche System auf dem Gebiet der Theorie der Weiblichkeit in der Tat ein »dark continent«, d. h. ein vereiteltes System der Enträtselung männlicher Phantasien und Erinnerungen. Die weiblichen Identifikationen wurden verdrängt.

Das Einfühlungsvermögen, die mütterliche Fürsorglichkeit und ihr Interesse für Hilfsbedürftige sind die anerkannten und erstrebenswerten Eigenschaften der Frau, auch für Freud. Wenn sie aber aktiv am Weltgeschehen und an der Kultur teilnehmen will, wird sie auf ihre Mängel hingewiesen. Gegen diese psychoanalytische Auffassung richtet sich der Kampf der Feministinnen. Nur wenn Frau und Mann als gleichberechtigte Menschen anerkannt sind und auch so handeln, wird es den Kindern möglich sein, Mutter- und Vaterbilder gleichermaßen zu verinnerlichen und dadurch ein reicheres, flexibleres, quasi »doppeltes« Überich aufzubauen. Was bisher geschlechtsspezifisch auf die verschiedenen Geschlechter verteilte Eigenschaften waren, würde in einem Menschen, gleich welchen Geschlechts, zusammenfließen, je nach Begabung und Neigung. Mehr gegenseitige Sensibilität bedeutet dann auch mehr Verständnis füreinander. Das hierarchische sadomasochistische Gefälle würde abgebaut, aber auch die Rolle der Frau als Mutter des Mannes würde durch gegenseitige Fürsorge, wenn diese notwendig ist, ersetzt. Beiden Geschlechtern könnte es dann gelingen, ihre Aggressionen angemessener und lustvoller zu äußern, d. h., sie weder durch Feindsuche destruktiv auszuleben noch sie selbstdestruktiv nach innen zu wenden.

Frau und Mann würden gemeinsam gesellschaftliche »Werte« und Umgangsformen bestimmen, so daß sozial und familiär vertretene Werte nicht mehr im Gegensatz zueinander ständen. Wären das nicht neue Möglichkeiten des zwischenmenschlichen Umgangs, nach deren Verwirklichung zu streben sich lohnte? Wobei Psychoanalytiker/innen sicherlich nicht vergessen werden, daß jedes neue Wertesystem dazu neigt, die »niederen« Triebbedürfnisse zu verleugnen und zu verdrängen, und so schnell an Glaubwürdigkeit verliert. Neue oder alte Hierarchien werden wiederauferstehen. Den Circulus vitiosus einer Wiederkehr des ewig Gleichen werden wir, wenn überhaupt, ohne Humor und kritisch-dialektische Distanz zu uns selbst und unseren »Werten« nicht durchbrechen.

10. Frauen und psychoanalytische Identität

Bevor wir uns mit dem Unterschied von männlicher und weiblicher psychoanalytischer Identität befassen können, müssen wir klären, was unter psychoanalytischer Identität zu verstehen ist. Das Thema ist nicht neu; viele Psychoanalytiker/innen haben sich damit beschäftigt. Obwohl das Leitbild der Ausbilder und dessen Auswirkung auf die Auswahl eines Bewerbers zur psychoanalytischen Ausbildung nur selten untersucht wurde, scheint diese Auswahl weitgehend davon beeinflußt zu sein, wie der jeweilige Psychoanalytiker seine eigene psychoanalytische Identität versteht.

Vor vielen Jahren schrieb ich einen Aufsatz mit dem Titel »Was macht einen guten Psychoanalytiker aus?« Ich hätte genausogut fragen können: »Was sehen wir als Vorbedingung für die Ausbildung zu einer ›richtigen‹ oder doch ›genügend guten‹ psychoanalytischen Identität an?«

Die Entwicklung einer psychoanalytischen Identität, so formulierte ich damals, hänge mit der Erweiterung des Bewußtseins durch das Wissen von den eigenen inneren, bis dahin unbewußten Vorgängen zusammen und sei von der Stärkung des kritischen und selbstkritischen Ichs geprägt. Das ist eine Formulierung, die im Grunde für jede menschliche Reifung gilt und auch unter den Begriff »normal« eingeordnet werden kann. Denn als »normal« bezeichnet Freud bekanntlich einen Menschen, dessen Abwehrmechanismen nicht zäh an infantiler Gefahr orientiert sind, die für das gereifte Ich des Erwachsenen in Wirklichkeit nicht mehr besteht.

Der Psychoanalytiker identifiziert sich vor allem mit dem besonderen Zugang der Psychoanalyse zur Wahrheit und meint damit das Wissen und den Kontakt zu seinen Gefühlen, Phantasien, Wünschen, unbewußten Motiven, die sein bewußtes Handeln beeinflussen. Darin sind sich die meisten Analytiker einig. Ich zitiere eine Stelle aus einem Brief Anna Freuds an einen 14jährigen Knaben:

»Wenn Du ein wirklicher Psychoanalytiker werden willst, mußt Du eine große Wahrheitsliebe besitzen, sowohl eine wissenschaftliche als auch eine persönliche, und Du mußt diese Anerkennung der Wahrheit höher setzen als jede Unannehmlichkeit, die damit verbunden ist, unangenehmen Tatsachen gegenüberstehen, ob sie nun der äußeren Welt angehören oder Deiner eigenen inneren Person« (nach Kohut, 1968, S. 100). Ähnlich schreibt auch Klauber: »Man wird Psychoanalytiker um der Beziehung der Psychoanalyse zur Wahrheit willen. Die Offenbarung neuer Wahrheit über die menschliche Psyche durch Freud... war überwältigend... Ich glaube, daß die Wahrheit das große Korrektiv ist, mit dem sich Patienten – mit Hilfe des Analytikers – selbst heilen« (1980, S. 7).

Allerdings fügt Klauber später hinzu, daß der Mensch ebensosehr von der Phantasie wie von der Wahrheit lebt. Ich stimme mit ihm überein, wenn er sagt, daß das große Ziel der Psychoanalyse nicht sei, den Menschen von seinen Symptomen zu heilen, sondern ihn entwicklungsfähig, kritisch und selbstkritisch zu machen, unabhängiger von den »Meinungen« seiner menschlichen Umgebung, ein Stück offener und angstfreier seinen eigenen Gefühlen und Phantasien gegenüber, vor allem – so möchte ich hinzufügen – ein Stück wärmer und einfühlsamer im Umgang mit dem oder der »anderen«.

Kann aber beispielsweise eine Krankenkasse solchen erklärten Zielen der Psychoanalyse wirklich beistimmen, muß sie nicht auf der schnellen Heilung der Symptome des Patienten bestehen? Ich möchte hier nicht auf die Kontroverse »Krankenkasse oder nicht« eingehen, eine Kontroverse, die es ja im Grunde gar nicht gibt, denn jeder vernünftige Analytiker möchte auch Patienten helfen, die wenig Geld haben oder aus Schichten stammen, zu denen die Psychoanalyse bisher wenig Zugang hatte. Es geht vielmehr um das Problem einer fragwürdigen Anpassung vieler Analytiker an das Selbstverständnis der Ärztekammern und deren Ziele, die nicht unsere Ziele sein können.

Es wurde wiederholt darauf aufmerksam gemacht, daß Identität als Begriff psychoanalytisch keine scharfe Begrenzung gefunden habe. Freud hat ihn in seinen Theorien nicht verwendet. Heute spricht man von geschlechtsspezifischer Identität, die sich mit etwa eineinhalb Jahren entwickelt; von persönlicher Identität, wenn man sich mit sich selber eins fühlt, mit seinen Idealen und Zielen in Einklang lebt, sich als relativ eigenständig und unabhängig von den von außen kommenden Erwartungen empfindet (da kann man sich natürlich großen Täuschungen über sich selber hingeben); von sozialer Identität, wenn man sich in Einklang mit einer größeren oder kleineren Gruppe und deren »Weltanschauung« fühlt.

Als die psychoanalytischen Erkenntnisse von Freud erarbeitet wurden, waren es anfänglich nur wenige, die sich mit diesem neuen Wissen von einer tieferen Wahrheit identifizierten und mit Hilfe dieser Identifikation eine psychoanalytische »Identität« entwickelten. Diese ersten Anhänger der Psychoanalyse erlebten ihre Zusammengehörigkeit keineswegs als Folge einer unkritischen Verlagerung des Ich-Ideals nach außen, auf einen Führer, wie es Freud in »Massenpsychologie und Ich-Analyse« beschrieben hat – obwohl eine so charismatische Persönlichkeit wie Freud sicherlich zur Idealisierung herausforderte –, sondern als Vorstoß zu neuen Möglichkeiten des Denkens und Wissens. Die meisten von ihnen waren selbständige, zum Teil extravagante Persönlichkeiten, die in den aufregenden neuen Wahrheiten, in der Entdeckung des Unbewußten und dessen theoretischer Erfassung ein neues wissenschaftliches Paradigma sahen. Die gemeinsame weitere Erforschung dieses Neulandes begeisterte sie. Als eine Art Gruppenidentität entstand, kam es dann allerdings bald zu Spaltungen.

Auf die unkritisch idealisierenden Anteile an dieser Gruppenbildung und ihr Pendant, die Verteufelung abweichend Denkender, sind wohl manche dieser Spaltungsbewegungen innerhalb der Psychoanalyse zurückzuführen. Denn nicht selten wurde aus der Metapsychologie eine Metaphysik gemacht, die Psychoanalyse zu einer Art Religion verzerrt, der man nicht widersprechen durfte, ohne als Abtrünniger zu gelten. Oder es waren die Profilierungssüchtigen, die mit dem Anspruch auftraten, eine neue Theorie gefunden zu haben, und dabei das Kind mit dem Bade ausschütteten. Dabei war bei Freud die Metapsychologie, also die psychoanalytische Theorie samt der Theorie der Technik im weitesten Sinne, dauernden Änderungen unterworfen. Die Forschung stand im Mittelpunkt des Interesses. Mit Hilfe klinischer Erfahrungen und kreativer Erkenntnisse hat er Teile seines Theorie-Gebäudes immer wieder verändert oder ergänzt.

Nur wenn das so bleibt und weitere Forschung angestrebt wird, kann die Psychoanalyse als lebendige Wissenschaft ihre Existenz behaupten. Deswegen muß die Ausbildung vor allem das Ziel haben, Neugierde im Kandidaten zu wecken, ihn mit seinen Gefühlen in Kontakt zu bringen, nicht, ihn dazu zu verleiten, sich unkritisch mit der Person seines Analytikers, dessen Idealen und der bestehenden psychoanalytischen Theorie zu identifizieren.

Leider ist oft das Gegenteil der Fall. Aus dem leidenschaftlichen Bemühen um eine neue Wahrheit, um psychoanalytische Forschung und mehr Aufklärung und neue Entdeckungen wurde eine »Bewegung«, die ihre Schüler auf Anerkennung des Bestehenden schwören ließ. »Eine ›Bewegung‹ des Wissens, die weltweit Einfluß gewinnen wollte, geriet fast zwangsläufig in die trüben Gewässer der Institutionalisierung und der Durchsetzung von Konformität« (Moser, 1989).

Jede Theorie drückt auch die Philosophie ihrer Zeit aus und ist

146

von den subjektiven Erfahrungen des jeweiligen Theoretikers geprägt.

»Dreißig Jahre, nachdem Freud seine Theorie des Unbewußten entwickelt hatte, wies der weltberühmte deutsche Physiker Werner Heisenberg nach, daß in der Welt der Physik, auf subatomarer Ebene, allein die Beobachtung unvermeidlich das Beobachtete beeinflußt. Freud, der Neurologe, der gezeigt hatte, daß der Intellekt des Menschen seinem Unbewußten ausgeliefert ist, arbeitete auf der psychischen Ebene innerhalb vergleichbarer einschränkender Parameter der experimentellen Erfahrung: in der Welt des Geistes beeinflußt die geistige Erfahrung des Beobachters ebenso unvermeidlich – wenn auch unbewußt – die Bedeutung dessen, was beobachtet wird« (Clark, 1979, S. 18 f.).

Der Einfluß eines Subjekts auf die Entwicklung einer Theorie kann also nicht Gegenstand eines Vorwurfs sein; er ist unvermeidbar und macht eine Theorie erst lebendig – allerdings nur dann, wenn man sich der eigenen historischen Abhängigkeit bewußt ist und die eigenen Gefühle, Phantasien und Werte, die sich zum Beispiel mit der psychoanalytischen Theorie verbinden, einigermaßen selbstkritisch wahrzunehmen vermag.

In diesem Zusammenhang ist auch das Thema »Gibt es eine weibliche und eine männliche psychoanalytische Identität?« von großer Bedeutung. Wenn es stimmt, daß die psychoanalytische Identität von der sozialen Gruppe, in der wir leben, sowie von der Theorie, die diese Gruppe vertritt, abhängig ist, dann wird eine Frau so gut wie ein Mann die bestehende psychoanalytische Theorie der weiblichen Sexualität übernehmen. Sie wird dabei ihre eigenen geistig-seelisch-körperlichen Erfahrungen der Verdrängung übergeben und / oder sie der »Gruppenwahrheit« anpassen. So wird Identität zur Instanz einer Anpassungslehre.

Wenn aber die Suche nach Wahrheit oder nach innerer und äußerer Realität die Essenz der Psychoanalyse ist, dann geht es darum, aufgrund selbstkritisch persönlicher und kritisch sozialer Erfahrungen, aufgrund von Gefühlen und Phantasien und Einfühlung in die der anderen zu überprüfen, ob und wieweit und warum diese Theorie heute noch Gültigkeit hat oder nicht. Das ist meines Erachtens bisher nur in beschränktem Maß erfolgt, in Deutschland noch weniger als anderswo. Hier werden feministische Kritik an der Psychoanalyse und andere neue Denkanstöße negiert oder verfemt. In Amerika, England und Frankreich gibt es immerhin Ansätze zu einer solchen auf Kritik und Wahrheitsliebe beruhenden Auseinandersetzung über die Theorie der weiblichen Entwicklung (vgl. Chasseguet-Smirgel, 1964; Blum, 1976; Mitchell, 1974, u. a.).

Daß das »allseitig entwickelte Individuum«, wie Marx es für die kommunistische Gesellschaft erhoffte, eine Utopie geblieben ist, weiß jedermann. Wie wenig Marx selber die schwierige Situation der Frau, ihre »allseits reduzierte Persönlichkeit« (Helke Sander) in seiner unmittelbaren Umgebung wahrzunehmen fähig war, wird aus den Briefen seiner Töchter überdeutlich (vgl. Meier, 1981). Aber auch die Psychoanalytiker interessieren sich für die gesellschaftliche Behinderung der Frau und ihre Wirkung auf deren Psyche nur selten. Die Analyse der Weiblichkeit, wie sie Freud vornahm, gilt ihnen immer noch ziemlich ungebrochen als »das letzte Wort«: Die Anatomie sei ihr Schicksal, heißt es; sie sprechen von der »phallischen Frau«, wenn diese sich um mehr Autonomie bemüht. Penisneid dem anatomisch besser ausgestatteten Mann gegenüber sei die unausweichliche Folge, Masochismus gehöre zur Psyche der Frau. Freud allerdings konnte sich auch ganz anders äußern; er sah sehr wohl die subjektiven Grenzen der Psychoanalytiker und die gesellschaftlichen Bedingungen der Neurosen:

»Wir haben... bemerkt, daß jeder Psychoanalytiker nur so weit kommt, als seine eigenen Komplexe und inneren Widerstände es gestatten...« (Freud, GW VIII, S. 108). Oder auch: »Wir weisen nach, daß sie (die Gesellschaft; M. M.) an der Verursachung der Neurosen selbst einen großen Anteil hat. Wie wir den einzelnen durch die Aufdeckung des in ihm Verdrängten zu unserem Feinde machen, so kann auch die Gesellschaft die rücksichtslose Bloßlegung ihrer Schäden und Unzulänglichkeiten nicht mit sympathischem Entgegenkommen beantworten« (ebd., S. 111).

Ähnlich wie nach Freuds Darstellung die Gesellschaft auf die Psychoanalyse, so hat der größte Teil der Männer unserer Gesellschaft reagiert, die Psychoanalytiker eingeschlossen, als Frauen versuchten, die Verdrängung in deren traditionellem Verhalten ihnen gegenüber, die Abwehr in den psychoanalytischen Deutungen und Theorien der Weiblichkeit bewußt zu machen. Und dies, obwohl Männer wie Frauen sich – zumindest in der Psychoanalyse – darüber sonst im klaren sind, daß nur durch kritische Prüfung des eigenen Verhaltens Wahrheit sichtbar wird und man sich nur durch deren Bewußtmachung von psychischen Zwängen befreien kann.

Der Glaubenssatz, Anatomie sei Schicksal, ist aber immer noch nicht nur für männliche, sondern auch für weibliche Psychoanalytiker die Basis für Erklärungsversuche der weiblichen Entwicklung. Warum das so ist, gilt es zu untersuchen.

Soweit psychoanalytische Identität sich durch Identifikation mit der psychoanalytischen Theorie bildet, sollten bei Betrachtung der Verhältnisse in unserer Gesellschaft zumindest bei Frauen Zweifel an dieser Theorie aufkommen, die mit ihrem Erleben so wenig übereinstimmt; wenngleich natürlich der Zugang zum ursprünglichen eigenen Erleben oft genug durch Verbote, Zwänge, Wertvorstellungen so früh verschüttet wird, daß er auch Psychoanalytikerinnen verschlossen bleibt. Es wäre dennoch zu erwarten, daß sich die Identitätsgefühle weiblicher von denen männlicher Analytiker unterscheiden.

Wenn sich aber Identität vor allem als Folge eines Sich-eins-Fühlens mit einer Gruppe herstellt, droht die selbstkritische Fähigkeit der Psychoanalyse verlorenzugehen, weil es den meisten schwerfällt, sich von einer Gruppenidentität zu distanzieren, auch dann, wenn es in der Psychoanalyse eine so starke Persönlichkeit wie Freud nicht mehr gibt.

Herausragende psychoanalytische Persönlichkeiten, um die man sich nach dem Tod Freuds in den angelsächsischen Ländern noch lange scharte, deren kreativem Denken man sich verpflichtet fühlte und die deshalb als Identifikationsfiguren eine psychoanalytische Gruppenidentität sowohl aufbauen wie stabilisieren konnten, hat es in Deutschland seit dem Untergang einer kritischen Psychoanalyse im Dritten Reich nur in geringer Zahl gegeben. Auch die Identifikation mit emigrierten deutschen oder ausländischen Psychoanalytikern/innen, denen man sich nach dem Krieg sehnsüchtig zuwandte und deren Theorien und charismatische Persönlichkeiten verinnerlicht wurden, hat ihre Wirkung mehr oder weniger verloren. Theorien wie die von Melanie Klein, die zu ihrer Lebenszeit hier mehr oder weniger verpönt waren, werden neu aufgegriffen, aber es fehlen die unmittelbaren persönlichen Beziehungen, wie sie nach dem Krieg über längere Zeit gepflegt wurden, um Identifikationen lebendig und dadurch entwicklungsfähig zu halten.

Die deutsche psychoanalytische Szene ist gegenwärtig dadurch charakterisiert, daß eine Gruppenidentität im größeren Rahmen kaum noch existiert, es sei denn, man hat das Glück, einen Feind, einen »Dissidenten« zu finden, den man gemeinsam bekämpfen kann. Kleinere Gurus sammeln ihre Grüppchen um sich, nicht selten bekämpft man einander, an einer vitalen Forschung sind die wenigsten interessiert, Neugierde auf außeranalytische Erkenntnisse wird eher abgelehnt. Die neueste »erlaubte« »In-Group-Mode« ist, wie schon erwähnt, die Theorie Melanie Kleins, die in den vierziger und fünfziger Jahren in England, auch in Südamerika, großen Einfluß hatte. In dieser innovativen, anregenden und für die Entwicklung und die Neurose von Kindern und Erwachsenen durchaus erklärungsstarken Theorie sind die komplizierten seelischen Vorgänge, die bereits in der Seele des Kleinstkindes vermutet werden, von ausschlaggebender Bedeutung. Die theoretischen Vorstellungen Melanie Kleins sind durch Direktbeobachtung natürlich kaum zu verifizieren, noch entsprechen sie dem neurophysiologischen Entwicklungsstand des Kindes im ersten und zweiten Lebensjahr. Nach der Theorie von Melanie Klein weiß die Frau vom Beginn ihres Lebens an um die Existenz ihrer Vagina. Sie macht eine eigenständige weibliche Entwicklung durch; ihr Kinderwunsch ist angeboren. Unter einem Penisneid leidet die Frau deswegen nicht, wohl aber unter dem zerstörerischen Neid auf die Mutter, die in ihrem Leib – so die kindliche Phantasie, die unbewußt beim Erwachsenen bestehenbleibt – den Penis des Vaters beherbergt und den sie ihr vorenthält. In ihren sadistischen Phantasien beraubt und zerstört das kleine Mädchen das Leibesinnere der Mutter. Vergeltungsangst ist die Folge. Der Kastrationsangst des Knaben entspricht deswegen die Angst des Mädchens vor der Rache der Mutter, d. h. vor einer Zerstörung des eigenen Leibesinneren. An gesellschaftlichen Verhältnissen war Melanie Klein wenig interessiert; für sie sind die patriarchalischen Werte, die kulturelle Überlegenheit des Mannes einerseits, die bewundernde, hingabefähige Frau und Mutter andererseits, Ausdruck einer reifen geschlechtsspezifischen Entwicklung.

Von Gesellschaftskritik weitgehend unberührt, laufen die Psychoanalytiker Gefahr, daß für sie die Identifikation mit der bestehenden Gesellschaft, mit den ärztlichen und psychologischen Standesorganisationen zur wesentlichen Kraft wird, zur Kraft, die die Psychoanalyse hierzulande zusammenhält. Oder man suchte und sucht »Identität« in der Anerkennung durch die Internationale Psychoanalytische Vereinigung. Das ist auch eine Folge der radikalen Unterbrechung psychoanalytischer Forschung im Nazi-Reich. Mitglied einer angeblich »jüdischen« Wissenschaft zu sein, der man unter Hitler abschwören mußte, entlastete nach dem Kriege offenbar manche deutsche Psychoanalytiker/innen von Schuld- und Schamgefühlen. Auch deswegen war es wichtig, um jeden Preis – auch den der unkritischen Unterwürfigkeit – die Gruppenidentität im Zusammenhang mit der Internationalen Psychoanalytischen Bewegung aufrechtzuerhalten.

Um meine These zu belegen, daß eine Psychoanalytikerin sich selber notwendigerweise fremd gegenübersteht, sofern sie ihre Identität aus Identifikationen mit der bestehenden psychoanalytischen Theorie der Weiblichkeit bezieht, möchte ich mich mit einigen Widersprüchen innerhalb der etablierten Psychoanalyse auseinandersetzen.

Wenn Unabhängigkeit des Subjekts das proklamierte Ziel der Psychoanalyse ist und gleichzeitig Autonomiebestrebungen der Frau als »phallisch« abgewertet werden, ist die Frau innerhalb der Psychoanalyse der gleichen doppelten Moral ausgesetzt, die sie auch sonst in der Gesellschaft antrifft. Psychoanalytiker/innen pflegen eine Frau dann phallisch zu nennen, wenn sie ihrer Meinung nach ihren Penisneid nicht überwunden hat und sich dementsprechend »männlich« behaupten muß. Was »männlich«, was »weiblich« ist, wird allerdings in der Psychoanalyse ziemlich willkürlich bestimmt und richtet sich meist nach den gängigen Vorstellungen der jeweiligen Kultur, in der man lebt. Genetisch gesehen, sei eine Frau »phallisch«, wenn sie ihren Peniswunsch nicht in einen Kinderwunsch zu verwandeln vermag, wenn sie etwa mehr Ehrgeiz oder Interesse an wissenschaftlichen und beruflichen Leistungen sowie an Selbstständigkeitsbedürfnissen zeigt als an der Gründung einer Familie.

Neben der klassischen Freudschen Theorie und der Theorie Melanie Kleins gibt es noch weitere, die, genau betrachtet, die Neigung der Frau, sich dem Mann gegenüber als zweitrangig zu fühlen, auf andere Faktoren im psychischen Erleben des kleinen Mädchens zurückführen als auf dessen Minderwertigkeitsgefühl, das als Folge der psychischen Verarbeitung des anatomischen Geschlechtsunterschiedes angesehen wird.

Heute geht man davon aus, daß das Kind den genitalen Geschlechtsunterschied spätestens am Ende des zweiten Lebensjahres entdeckt, also viel früher, als Freud annahm. Stoller (1968) und andere Forscher stellten fest, daß die geschlechtsspezifischen Verhaltensweisen von Mädchen wie Jungen davon abhängig sind, wie ihr Geschlecht bei der Geburt bestimmt wurde, auch wenn diese Bestimmung dem biologischen Geschlecht nicht entspricht. Weibliche und männliche Verhaltensdifferenzen können also nicht nur als Folge der Wahrnehmung des anatomischen Geschlechtsunterschieds erklärt werden. Offenbar führen Erziehung und elterliche Haltung weit mehr zu einer geschlechtlichen Selbstbestimmung des Kindes, als man bisher angenommen hat.

Mit der geschlechtlichen Selbstbestimmung geht die Geschlechtsidentität Hand in Hand; an dieser orientiert sich dann auch weitgehend die Objekt- und Identifikationswahl des Kindes.

Vor der endgültigen geschlechtlichen Selbstbestimmung mit etwa drei Jahren ist allerdings in unserer Gesellschaft die Mutter für beide Geschlechter das erste Identifikationsobjekt, wobei man sich darüber im klaren sein muß, daß vom Anfang des Lebens an mehrfache Identifikationsmöglichkeiten mit der Mutter gegeben sind oder unterschiedliche Arten der Identifikation stattfinden. Für Melanie Klein ist die erste, die orale Phase eine weibliche, weil eine in sich aufnehmende, d. h., beide Geschlechter sind in ihren Triebbedürfnissen anfänglich weiblich bestimmt. Es ist aber ein Unterschied, ob ein Kind sich mit dem Körper der Mutter identifiziert, mit dessen geschlechtsgebundenen Fähigkeiten (etwa Stillen und Gebären) oder später mit anderen Merkmalen der Mutter, die keineswegs geschlechtsspezifisch sind, sondern allenfalls von der jeweiligen Gesellschaft als solche angesehen werden (etwa Einfühlungs- und Liebesfähigkeit, Aufopferung und Unterwerfung). Bei der Verinnerlichung von Verhaltensweisen der Eltern wird es dem Kind durch kulturelle Vorurteile oft schwer gemacht, sie ohne größere Konflikte zum Aufbau der eigenen Persönlichkeit zu verwenden, vor allem dann, wenn sie vorschnell oder rigide mit dem Etikett »männlich« oder »weiblich« versehen werden.

Ob die Wahrnehmung des Geschlechtsunterschieds auf das kleine Mädchen traumatische Auswirkungen hat und zu einem Gefühl elementarer Minderwertigkeit führt, hängt auch weitgehend vom Verhalten der Eltern ihm gegenüber als auch der Eltern untereinander ab.

Jedem Analytiker ist bekannt, daß nicht nur die Phantasien der

Eltern eine große Rolle spielen für den Umgang des Kindes mit seinen Gefühlen und Selbstwertvorstellungen, sondern auch die Phantasien, die das Kind selbst über sich und seine Eltern entwickelt. Die Bedeutung der Phantasien äußert sich auch in dem, was in der Psychoanalyse unter den Begriff »weiblicher Masochismus« fällt. Mit Hilfe von Phantasien können passiv erlittene Unlustsituationen in lustvolle verwandelt werden. Phantasien sind, unabhängig von ihrem Inhalt, meist aktiv, d. h., der Phantasierende selber kann sie in eigener Regie herstellen. Ich weiß, daß es auch Zwangsvorstellungen gibt, die so leicht nicht auszuschalten sind und in demjenigen, der ihnen unterworfen ist, Gefühle von erheblicher Hilflosigkeit erzeugen. Dennoch, Frauen, die sich masochistische Phantasien gestatten, sind oft eher in der Lage, sich gegen manifeste masochistische Verhaltensweisen zu wehren, als Frauen, die sich den Zugang zu ihrem Phantasieleben weitgehend versperrt haben. Zwar ist auch das Phantasieleben von gesellschaftlichen Wertvorstellungen geprägt, bleibt aber gleichzeitig die letzte vitale Bastion, die – wie pervertiert auch immer – nach Selbstbehauptung und Lust strebt.

Wenn man als Analytiker also bestimmte Phantasien als »typisch weiblich« ansieht und sie vorschnell in eine bestehende Theorie einordnet, wird man ihren Sinn und ihre Funktion mißverstehen. Sich ständig wiederholend, behaupten Psychoanalytiker, daß Frauen in besonderem Ausmaß narzißtische Bestätigung brauchen. Sie führen das darauf zurück, daß bei Frauen nicht nur das Gefühl der eigenen anatomischen Minderwertigkeit unbewältigt bleibe, sondern auch darauf, daß die Mutter ihrer Tochter grundsätzlich ambivalent gegenüberstehe, denn, so heißt es, eine tiefergehende libidinöse Zuwendung sei nur zwischen den verschiedenen Geschlechtern möglich.

Gleichzeitig findet bei Psychoanalytiker/innen eine Idealisierung (oder Verteufelung) der Frau als Mutter statt. Auch hier sind wir mit Widersprüchen innerhalb der psychoanalytischen Theorie konfrontiert. Einerseits muß eine Frau, um ihr grundsätzlich lädiertes Selbstwertgefühl zu kompensieren, narzißtisch darauf bedacht sein, Bestätigung und Liebe von außen zu erlangen; andererseits wird von ihr mehr als von jedem anderen liebevolle Einfühlung in das komplizierte Seelenleben ihrer Kinder verlangt. An allen Fehlentwicklungen der Kinder ist bekanntlich die Mutter schuld.

Nicht selten deutet auch der Analytiker beim Patienten als Widerstand, was im Grunde seinem eigenen Verhalten und Verstehen oder Nicht-Verstehen zuzuschreiben ist. Bemühungen um Selbstfindung und Autonomie der Frau, um Entwicklung neuer Paradigmata für weibliches Verhalten werden dann stereotyp auf die »psychische Verarbeitung des anatomischen Geschlechtsunterschieds« oder auf die Mutter-Kind-Dyade und die dort entstandenen Angst-, Haß-, Schuld- oder Größengefühle bzw. deren Abwehr zurückgeführt.

Begriffe und Theorien können folglich klischeehaft benutzt werden und zu Schlagworten degenerieren. Versuche einer unmittelbaren Beteiligung an den inneren Vorgängen der Analysanden und Offenheit den Patienten gegenüber, durch die allein der analytische Prozeß kreativ und lebendig bleibt, werden durch theoretische Leerformeln blockiert.

Immer wieder wird mir die Frage gestellt, ob es nicht besser sei, wenn eine Frau zu einem weiblichen statt zu einem männlichen Psychoanalytiker in Behandlung ginge. Ich glaube nicht, daß es auf das Geschlecht des Analytikers sonderlich ankommt; wichtiger ist vielmehr seine nicht notwendigerweise geschlechtsgebundene Fähigkeit, sich sowohl auf die reale Situation einer Frau als auch auf deren individuelle psychische Verarbeitung ohne vorgefaßte Urteile und feststehende Theorien einlassen zu können. Theorien führen nur dann zum erweiterten Verstehen des Unbewußten, wenn sie flexibel und kreativ gehandhabt werden und wenn nicht versucht wird, sie dem Individuum aufzuzwingen.

In der Psychoanalyse sind Männer und Frauen gleichermaßen in der Gefahr, sich vor Realitäten, vor inneren und äußeren Wahrheiten zu verschließen, um sich selber und ihre »Identität« nicht in Frage stellen zu müssen. Eine Frau, die zu einem Mann in die Analyse geht, wird nicht selten mit der expliziten oder impliziten Meinung konfrontiert, daß sie keine »wirkliche Frau« sei, wenn sie sich keinen Mann und keine Kinder wünsche. Ihre Autonomiebestrebungen werden als »phallisch« abgewertet. Bei einer weiblichen Analytikerin kann ihr jedoch genau das gleiche passieren, wenn auch sie mit der bestehenden Gesellschaft, mit deren Vorstellungen von »wahrer Weiblichkeit« sowie mit der dominierenden psychoanalytischen Theorie der Weiblichkeit bewußt oder unbewußt so identifiziert ist, daß sie andere als die in der Psychoanalyse als weiblich anerkannten Verhaltensweisen als neurotisch ablehnt oder nicht versteht.

Psychoanalytikerinnen und Psychoanalytiker sollten sich jedenfalls davor hüten, sich allzu ungebrochen mit einer Gruppe, mit deren Theorie oder einem psychoanalytischen »Vorbild« zu identifizieren, auch wenn das vorübergehend bereichernd sein kann; weit empfehlenswerter scheint mir, wenn sie sich mit *dem* Freud identifizieren, der seine Methode auf eine kritische und meist erstaunlich furchtlose Offenheit den eigenen Gefühlen und Phantasien gegenüber aufbaute und seine Theorie stets zu ändern bereit war, wenn neue Erfahrungen seine bisherigen Standpunkte veränderten. Er schrieb: »...die Psychoanalyse begann als eine Therapie, aber nicht als Therapie wollte ich sie Ihrem Interesse empfehlen, sondern wegen ihres Wahrheitsgehalts, wegen der Aufschlüsse, die sie uns gibt über das, was dem Menschen am nächsten geht, sein eigenes Wesen, und wegen der Zusammenhänge, die sie zwischen den verschiedensten seiner Betätigungen aufdeckt« (Freud, GW XX, S. 169).

11. Eine deutsche Frau – Leni Riefenstahl

Leni Riefenstahl ist der Prototyp einer Frau, die sich phallisch-narzißtischen Werten bedingungslos hingab. Glanz und Ruhm, Macht und Herrlichkeit, Härte und Heldentum einer Männerwelt waren Inbegriffe dessen, wonach sie sich sehnte und an dem sie um jeden Preis teilhaben wollte. Die Ästhetisierung einer sich selbst heroisierenden Männlichkeit, deren Art, »Geschichte« zu machen, das männliche Pracht-, Macht- und Drohgehabe ist Ziel und Inhalt ihrer berühmtesten Filme.

Frauen sind in ihren Arbeiten mehr oder weniger eine Quantité négligeable, es sei denn, sie werden gebraucht, um sich der männlichen Selbstüberhöhung kritiklos anheimzugeben, kurz, um den Männerwahn durch selbstlose Bewunderung zu verewigen. Dazu gehört auch die weibliche Idealgestalt typisch männlicher Phantasien, die sich für die »Reinheit« männlicher Größenideale heroisch opfert. Das ist eine Rolle, die Leni Riefenstahl gern übernimmt. Sie ist fasziniert von dem, »was schön ist, stark, gesund, was lebt«. Für Frauen, die als Hintergrund für eine patriarchalische Welt dahinvegetieren, fehlt ihr jedes Interesse, wie für alles, was elend, arm, unterdrückt und »tot ist« oder totgemacht wird.

So spielen die Folgen des nationalsozialistischen Männlichkeitswahns in ihren Memoiren kaum eine Rolle. Bedauernde Floskeln zum Völkermord oder zur Ermordung von Millionen »slawischer Untermenschen« fallen offenbar ohne tiefere emotionale Beteiligung, geschweige denn, daß sie bei ihr so etwas wie Buße,

Reue, Schuld oder Verzweiflung hervorrufen. Warum denn auch, schließlich hat *sie* damit doch nichts zu tun. Es wird bald klar: Sie selbst ist das bemitleidenswerteste Opfer der Kriegs- und vor allem der Nachkriegszeit. Mit ungeheurer Energie kämpft sie um ihre Rehabilitation, um sich wieder glanzvolleren Filmwelten zuwenden, die Darstellung ungebrochen schöner und kämpferischer Männlichkeit pflegen zu können. Es ist ihr unverständlich und scheint ihr ganz und gar ungerecht, wenn sie in diesem Kampf auf Widerstände stößt. Immerhin, in den siebziger Jahren erreicht sie ein »Comeback«; mit ihrem Bildband über »Die Nuba« (1973) hat sie weltweiten Erfolg.

Leni Riefenstahl wurde kürzlich 85 Jahre alt. Ihr Verlag lud zur Veröffentlichung ihrer Memoiren und zur Feier ihres Geburtstages. Sie erschien im Glitzerkleid, ungebrochen jung und für immer unschuldig. Es gelang ihr bis heute, keine Ahnung davon zu haben, wovon sie keine Ahnung haben wollte. Kritischer Geist oder gar Selbstkritik liegen für sie in unerreichbarer Ferne oder gehören (wer weiß) nach wie vor zu dem destruktiven, korrumpierenden jüdisch-kritischen Ungeist, der nicht wahrhaben will, daß Erfolg beim Kampf so wunderschön ist und Erfolg das »Hauptziel im Leben eines Mannes« (vgl. Sontag, 1974, S. 110) darstellt. Wenn man ihr beim Lesen ihrer Erinnerungen zuhört, fragt man sich, ob sie nicht doch mit dem angeblich so ungeliebten Goebbels übereinstimmte, als er zur Verbrennung der Bücher solchermaßen verseuchter Geister aufrief, die das gesunde deutsche Volksempfinden gefährdeten, und als er Kunstkritik untersagte wegen ihrer »typisch jüdischen Charakterzüge«? Aber natürlich wußte sie von nichts, weder davon, daß Hitler 1933 Reichskanzler geworden war, daß es seitdem Konzentrationslager gab, in denen seine Gegner verschwanden, noch daß Goebbels Bücher verbrennen ließ. Nein, Leni war so beschäftigt, daß sie wie durch ein Wunder unschuldig und unwissend bleiben konnte.

Bedauerlich ist für sie nur, daß die Menschen heute nicht mehr so sind wie damals, als man sich mit »Begeisterung, Leidenschaft, Inbrunst« der Kunst und der »großen Zeit« hingab. Aber kann sie sich denn beklagen? Begeisterung ruft sie allemal, auch heute noch, hervor. Zu ihrem Empfang kamen alle, die in Münchens Schickeria Rang und Namen haben; man war hingerissen von soviel altersüberwindender Energie und Schönheit. Reinhold Messner, der Bezwinger der reinen, hehren Bergwelt, schließt die Personifizierung jungfräulicher weiblicher Unschuld gerührt und enthusiastisch in seine heldenhaft männlichen Arme. Aber hat sie das denn nicht verdient? Schließlich war sie doch die erfolgreichste Filmerin in Hitlers »tausendjährigem Reich«, ihre Filme waren, wie Hitler schreibt, eine »einzigartige und unvergleichliche Verherrlichung der Kraft und Schönheit unserer Bewegung« (ebd., S. 104). Sie ist und war doch nie etwas anderes als eine kreative Ästhetin. »Ist das etwa ein Verbrechen?« fragt die professionell Unschuldige.

»Meine vollkommene deutsche Frau« (ebd., S. 107), so Hitler über sie, war überwältigt, als sie *ihn* zum erstenmal 1932 im Sportpalast sah und hörte, »als ob sich die Erdoberfläche vor mir ausbreitete – wie eine Halbkugel, die sich plötzlich in der Mitte spaltet und aus der ein ungeheurer Wasserstrahl herausgeschleudert wurde, so gewaltig, daß er den Himmel berührte und die Erde erschütterte« (Riefenstahl, 1987, S. 152). In einem Brief an Hitler schreibt sie: »Meine Bewunderung für Sie, mein Führer, steht über allem, was ich sonst zu denken und zu fühlen vermag.« Ja, ist es denn ein Verbrechen, einen solchen Gott der Männerwelt zu bewundern und anzubeten und für die Verbreitung seiner und seiner Bewegung Herrlichkeit alle ihr zur Verfügung stehenden filmischen Fähigkeiten einzusetzen? Wieso soll sich denn eine Leni Riefenstahl für die Niederungen des Lebens, für die Folgen der großdeutschen Macht und Herrlichkeit interessieren? Genügt es nicht, daß sie der »Schönheit« ihr Leben widmete und immer auf der Suche nach dem »Ungewöhnlichen, dem Wunderbaren, den Geheimnissen des Lebens« war? »Was lediglich realistisch ist, aus dem Leben gegriffen, durchschnittlich, alltäglich, das interessiert mich nicht« – so ist es auch heute noch: Auschwitz, Genickschüsse für Polen, Russen und Juden, das Elend des Krieges, das ist allzu realistisch und aus dem Leben gegriffen, also nichts für sie. So sagte auch die Front der radikalen Ästhetin nach einem kurzen Besuch nicht zu, als sie sich zu Beginn des Krieges »nützlich machen wollte«. Schnell kehrt sie nach Berlin »an die Seite des Führers« zurück.

Ihre Verstrickung in zeitliche Abläufe? Ja, wie kann denn das Ideal einer deutschen Frau dem entgehen? Das Schicksal war schuld daran und ihre Begabung für die Darstellung des Schönen, was ihr später so ungerechterweise vorgeworfen wurde. Ist es nicht eine Hexenverfolgung, die man ihr, der Makellosen, angedeihen läßt? Ist es nicht Sadismus, wenn man sie an die Vergangenheit erinnert? Eine hilflose Frau, die so oft in Tränen ausbrechen muß, Nervenzusammenbrüche erleidet, das Bewußtsein verliert, wann immer es angebracht erscheint oder es darum geht, die Augen vor der Realität zu schließen.

Sie hat den Kampf um die Erinnerung an unser zwölf Jahre dauerndes Tausendjähriges Reich nicht verloren, wie im »Spiegel« (41/1987) steht, da es einen solchen Kampf, auch nur in Ansätzen, bei ihr nie gegeben hat. Ihr Lebenselement liegt fern von einem Kampf um Erinnerungen an Verbrechen und Mord, es ist, was sie nicht müde wird zu wiederholen, ein Kampf um die Erhaltung und Herstellung des Schönen, was immer sie darunter versteht. Was geht es sie an, wenn sie mit Hilfe ihrer Schönheitssuche, mit ihren Filmen Massenwahn schürte, was kann denn sie dafür, wenn ihre Filme ein rauschhaftes Wir-Gefühl auslösen, das aus der Identifikation mit der Schönheit, der Macht einer Herrenrasse stammt, und die Begierde stimulieren, sich einem göttlichen Führer und seiner Gefolgschaft zu unterwerfen? Die Größe, die Begeisterung, die Schönheit der Bewegung entschwand zu Lenis Bedauern, einem Naturereignis vergleichbar, »einem riesigen Steppenbrand, der sich über den ganzen Erdball verbreitet hatte« (ebd.). Ja, wer war denn da schuld? Der Führer etwa? »Ein Hitler, wie Du ihn beschreibst, könnte wohl Ungewöhnliches im Guten wie im Schlechten vollbringen, nicht aber eine ganze Welt aus den Angeln heben, wie es ihm beinahe gelungen wäre« (so Riefenstahl in einem Brief an Speer 1976). Was sich hinter all dem Glanz und Ruhm der Herrenrasse abspielte, ahnte sie wie immer nicht, damals nicht und natürlich auch heute nicht. »Die ganze Materie ist mir fremd, ich kann nicht einmal die SA von der SS unterscheiden«, so ihre Memoiren dazu, daß der Führer ihr auftrug, den Reichsparteitag zu filmen.

Vieles brach zusammen, nur Leni Riefenstahl nicht. Sie trägt bis heute einen unsichtbaren seelischen Panzer, offenbar ohne Achillesferse. Jeder, der versucht, die begabteste Propagandistin des Herrenmenschentums damit zu konfrontieren, daß sie möglicherweise am Massenwahn des »heiligen Deutschland« das Ihre beigetragen und somit auch das Massenelend, das dieses unheilige Reich verursachte, mitzuverantworten habe, erregt nur ihre Wut und Empörung, niemals aber Trauer- und Erinnerungsarbeit, die zu Selbsterkenntnis und Wiedergutmachungswünschen führen könnte.

Als sie »Schönheit und Größe« in Deutschland nicht mehr fand, ihre dringlichen Wünsche nach Liebe und Bewunderung nicht auf Gegenliebe stießen, ist die »gnadenlos Selbstverliebte« nicht der Resignation verfallen, sondern sie suchte und fand in anderen Kontinenten die unberührte Reinheit, Schönheit und Kampfeslust, nach der sie sich so sehnte. Und soll man ihr da nicht dankbar sein, wenn sie uns die glanzvolle, männliche, kampfbereite Welt der schönen Nubas eröffnet, ist es nicht ein Vergehen an ihrer genialen Begabung, wenn man sie mit den häßlichen Realitäten ihrer Vergangenheit konfrontiert?

Obwohl sie vieles mit ihnen gemein hat, ist die Riefenstahl keine typische Vertreterin der typischen deutschen Verdrängung und Verleugnung. Sie ist vielmehr eine vom Männlichkeitswahn besessene Superverleugnerin, die eine überdurchschnittliche Fähigkeit besitzt, nicht zu erinnern, was sie nicht erinnern will. Sicherlich war sie einzigartig in der filmischen Darstellung der Größenphantasien eines Hitler und seiner Bewegung, Phanta-

161

sien, mit denen sie sich voll identifizierte. Mit Hilfe dieser Identifikation stand sie auf gleicher Stufe mit den Nazi-Größen; so kam es dann auch eher zu Rivalitäten mit ihnen als zu Liebesverhältnissen. Leni, die »Führerbraut«, hatte kein Verhältnis mit Hitler, so scheint es wenigstens, aber aufgrund der Totalidealisierung seiner »Größe« gab es mit ihm auch keine Rivalität. Die Männer, mit denen sie eine Liaison einging oder die sie heiratete, sollten offenbar – wie wir, die wir ihre Memoiren lesen – von ihrer Vorstellung von der Welt, von der »Wahrheit« und vor allem von Leni Riefenstahl und ihrer Argumentation ohne Wenn und Aber überzeugt sein. Ihre Liebesbeziehungen waren dann auch meist nicht von langer Dauer. Hingabe, außer an den Führer, ist nicht ihre Sache. Sie erfüllte den Wunsch ihrer Mutter, eine berühmte und schöne Schauspielerin, später Regisseurin zu werden. Dafür wird sie von ihrer Mutter ein Leben lang angebetet. Sie ist offenbar ihrem Vater sehr ähnlich, mit ihm hat sie sich identifiziert, wie er ist sie herrschsüchtig und muß um jeden Preis ihren Willen durchsetzen. Ihn haßte sie deswegen, aber offenbar nie sich selbst.

Natürlich gehörte sie keiner der Nazi-Frauenorganisationen an. Zu einer Frauenwelt zu gehören, wäre ihr nicht glanzvoll, nicht ruhmreich genug gewesen. Gemeinsam mit den Herrenmenschen des Tausendjährigen Reiches verachtet sie im Grunde Frauen, von denen sie vor allem Ergriffenheit, Bewunderung erwartet, wenn sie mit der höheren Wirklichkeit des Patriarchats konfrontiert werden, oder sie idealisiert sie in die unerreichbaren Höhen des engelhaft reinen Mädchens »Junta«, ihrer Rolle im ersten von ihr gedrehten Film.

Die Riefenstahl war besessen von der Sehnsucht nach einer phallisch-narzißtischen Symbolwelt, einer Männlichkeit, die sie in den eigenen Seelentiefen suchte und die sie in ihren Filmen darstellte. Das Weibliche in seiner realen Verkörperung hatte für sie keine Anziehung; die Reichsparteitage, die Nuba, die Schönheit kämpfender Männlichkeit oder auch die männliche Mordgesellschaft, das ist es, was sie anbetet. An deren »Größe« muß sie suchthaft teilnehmen, deren Morde bleiben ihr bis heute gleichgültig. »Sein egozentrisch aufgebauschtes Ego erweist sich als prinzipiell unbußfertig… fähig nur in einem, in der Unfähigkeit zur Seelenarbeit mit dem Resultat Selbsterkenntnis«, so Zwerenz (1987) über bundesdeutsche Patrioten und Politiker. Das entspricht durchaus der seelischen Konstitution der Riefenstahl.

Sie muß um jeden Preis »oben« sein, dort, wo für sie die Welt der Männer ist. Frauen, Besiegte, Erniedrigte und Beleidigte gehören alle in einen Topf und sind, wenn sie überhaupt Beachtung finden, nur als Bewunderinnen des männlichen Machtsystems zugelassen. So war auch die Welt der Berge für sie eine Metapher des Schönen, des Heldenhaften, kurz, des ewigen Glanz ausstrahlenden männlichen Prinzips. »Meine Bewunderung für Sie, mein Führer (meine Berge, meine Nuba), steht über allem, was ich sonst zu denken und fühlen vermag.«

Aber nicht nur Leni Riefenstahl identifizierte sich mit der »Größe« des »Führers«, auch Adolf Hitler identifizierte sich mit Leni. Beide waren sie gnadenlos Selbstverliebte. Offenbar entdeckte einer im anderern sein seelisches Selbstbildnis, das sich mit den eigenen Phantasien über Vollkommenheit, Überlegenheit und Verführungskunst deckte. Hitler durfte sie, seine »vollkommene deutsche Frau«, nicht lieben, weil er mit keinem anderen Ideal als nur dem eigenen verschmelzen konnte: Er war der Retter Deutschlands und damit natürlich auch der Welt. »Jede Stunde brauche ich, um die Probleme meines Volkes zu lösen… meine ganze Liebe gehört nur meinem Volk…« »Ich kenne keine Frau, die so zielbewußt arbeitet und von ihrer Aufgabe so besessen ist (wie Sie) – genauso bin ich meiner Aufgabe verfallen.« So die Riefenstahl in ihren Memoiren. Aber, Zeit hin, Zeit her, der vielbeschäftigte Hitler wollte bei dieser intimen Zusammenkunft, bei der Leni fühlt, daß der Führer sie begehrt, noch einen Film sehen. Es ist bekannt, daß Hitler zahlreiche Abende seines Lebens damit verbracht hat, Filme anzusehen. Von dem kitschig-romantischen Film »Heiliger Berg«, in dem Leni die

Hauptrolle spielte, sagte Hitler: »Das Schönste, was ich jemals im Film gesehen habe« (»Spiegel«, 41/1987).

Die Riefenstahl über sich: »Schon immer hatte ich die Angewohnheit, mich nur mit dem zu befassen, was mich interessiert.« Oder: »Nur mein eigener Wille sollte entscheiden.« Man sieht, sie waren sich in manchem ähnlich, die Filmemacherin Nummer 1 des Dritten und der Führer des Großdeutschen Reiches; beide verehrten einander und wurden von der Masse der Deutschen zeitweilig in den Himmel gehoben.

Aber man höre und staune, der hemmungslose Narzißmus der Riefenstahl, ihr »Triumph eines Willens« veranlaßte US-Feministinnen viele Jahre später, sie zu ihrer Kultfigur zu erheben. Das von einer Feministin entworfene Plakat des New Yorker Filmfestivals 1973 – so Susan Sontag in ihrem bemerkenswerten Essay »Faszinierender Faschismus« – zeigt eine blonde puppenhafte Frau, deren rechte Brust von drei Namen umrahmt ist: Agnès, Leni, Shirley (d. h. Agnès Varda, Leni Riefenstahl, Shirley Clarke). Und das, obwohl die Filme der Riefenstahl unverhüllt den Männerwahn verherrlichten, der im Hitler-Reich seinen perversen Höhepunkt erreichte. Was sagt sie zu ihren Filmen? »Es ist einfach Geschichte, reine Geschichte.«

Auch darin war sie mit dem Führer bewußt oder unbewußt einig: Realität ist nur als Theater interessant. Realität wird hergestellt, um aus ihr einen Film, Theater zu machen. Wenn aber aus der Realität ein Theater zur höheren Ehre des Führers wird, dem man sich in anbetenden Massen zu unterwerfen hat, liegt es nahe, die Realität eines Krieges auch als Theater zu verkennen. Dann werden Mord und Unterwerfung zum großen Theatercoup ästhetisiert und sexualisiert.

Mit theatralisch-tödlicher Geste und mit 50 Millionen Toten endete das Leben Hitlers. Mit ihm sollte das deutsche Volk untergehen, das seiner nicht würdig war, das nur zu seiner Heroisierung eine Existenzberechtigung besaß; was er an Toten hinterließ, hatte für ihn ohnehin keine Bedeutung. Bevor er diese von ihm zerstörte Welt verließ, mußte er aber noch im Angesicht der totalen Katastrophe die kitschig-kleinbürgerlichen Vorstellungen seines anderen Ich realisieren und Eva Braun heiraten. In diese Mischung von kleinbürgerlicher Romantik, Selbstheroisierung, eines »heiligen Deutschlands« mit seinem sadomasochistischen Herrenvolk, den entsprechenden theatergerechten Größenphantasien fügten sich nur allzu viele Frauen ein und übernahmen begeistert die ihnen zugewiesenen Rollen. »Faschistische Kunst glorifiziert die Unterwerfung, feiert den blinden Gehorsam, verherrlicht den Tod« (Susan Sontag, 1974, S. 112). Faschismus in all seinen Formen ist offenbar so lange nicht aus der Welt zu schaffen, wie Frauen »Heldentum« und männliche Größenphantasien anbeten.

Frauen – gestern und heute
Ein Interview

Frage: Frau Dr. Mitscherlich, Sie beschäftigen sich seit Jahren mit den Schicksalen bekannter, auch berühmter Frauen, mit ihrem Leben und ihrer Arbeit. Was bewegt Sie zu dieser sicherlich zeitaufwendigen biographischen Spurensuche? Professionelle Neugier, die Neugier der Psychoanalytikerin?

Auch, aber nicht nur. Ich habe mich eigentlich immer schon für menschliche Schicksale interessiert, auch unabhängig von meiner Tätigkeit als Psychoanalytikerin. Das liegt mir sozusagen im Blut. Schon als Kind war ich eine geradezu süchtige Leserin, zunächst Märchen und Abenteuer, dann später vor allem, was wir Literatur nennen, seien es Romane oder Erzählungen, Biographien nicht zu vergessen. Das Interesse an Menschenschicksalen hat wohl auch meine Berufswahl bestimmt, jedenfalls mehr als umgekehrt, mehr als die Psychoanalyse mein Literaturinteresse bestimmt hätte.

Zu fragen wäre, was mich eigentlich so stark zu Romanen und Biographien hinzieht. Der Wunsch nach Selbsterforschung auf dem Wege der Erkundung fremder Seelen oder eher die Lust am Abenteuer der Erforschung unbekannter Seelenlandschaften, die Entdecker- und Aufdecker-Lust? Oder ist die Lust am Lesen gleichzusetzen mit Voyeurismus, die Lust am Schreiben mit Exhibitionismus? So einfach lassen sich unsere Wünsche und Lüste wohl nicht erklären. Die Leselust jedenfalls ist wohl nicht zu denken ohne das starke Bedürfnis nach Ausweitung der Erfahrung, ohne die allzu-menschliche Neugier auf das Leben anderer, auf ihr Denken, Fühlen, Phantasieren.

Aber in der Tat: Das Leben von Frauen, ob heute oder in der Vergangenheit, fasziniert mich besonders, weil ich auf diese Weise mehr über mich erfahre, auch über meine Patientinnen, über ihre Art zu denken und zu fühlen, über unsere, der Frauen Art, das Leben zu erfahren...

Frage: Unter den Frauen, mit denen Sie sich beschäftigen, sind nicht nur Wissenschaftlerinnen Ihres »Fachs«, Helene Deutsch etwa oder Karen Horney, sondern auch Schriftstellerinnen wie Simone de Beauvoir und Christa Wolf. Haben diese Frauen, bei allen Unterschieden ihres Lebens, ihrer Arbeit, nach Ihrer Meinung etwas gemeinsam?

Gewiß, alle sind eben Frauen, und Frauen haben bekanntlich weit mehr Schwierigkeiten als Männer, sich im Beruf durchzusetzen und zu behaupten. Das gilt für die Wissenschaft noch mehr als für die Literatur, also für die Schriftstellerei. Das Schreiben erfordert Talente und Eigenschaften, die man vor dem Hintergrund unserer kulturellen Vorstellungen von »männlich und weiblich« vielleicht als bisexuell bezeichnen könnte. Damit meine ich etwa die Fähigkeit, sich einfühlen, zuhören, eigene und fremde Gefühle zulassen, die Gefühle und Phantasien nicht nur zu verstehen, sondern sie auch sprachlich ausdrücken zu können. Diese Fähigkeit besitzen Frauen in besonderem Maße, nicht nur Schriftstellerinnen. Aber in der Schriftstellerei ist sie unabdingbar, auch bei Männern.

Aber auch Wissenschaftlerinnen wie Helene Deutsch, Karen Horney, nicht zuletzt Margaret Mead, besitzen ähnliche Eigenschaften wie die eben beschriebenen, ähnliche Antriebe und Interessen. Diesen Eigenschaften und den damit verbundenen »Lüsten« verdanken sie ihren Erfolg, als Psychoanalytikerin oder als Ethnologin. Doch die Ethnologie ist, anders als etwa die Psychoanalyse, eine Form wissenschaftlicher Betätigung, die ihren Gegenstand in der Fremde, bei fremden Völkern aufsucht und Eigenschaften erfordert, die sich mit Dynamik und Aktivität umschreiben lassen. Eine Frau wie Margaret Mead, eine ungewöhnlich aktive Wissenschaftlerin, hatte ein starkes Interesse an fremden Völkern, an den ihr unbekannten Verhaltensweisen, ihren Sitten, stärker vermutlich als bei den meisten anderen Frauen, mit denen ich mich beschäftige. Sie war viel »extravertierter« als beispielsweise Christa Wolf. Hingegen scheinen sich bei Karen Horney und Simone de Beauvoir das Interesse an der Um- oder Menschenwelt oder ihre Abenteuerlust und ihr detektivisches Bedürfnis eher die Waage zu halten mit ihrem Interesse an Phantasie, Innenleben und Denkbewegungen.

Karen Blixen suchte das Abenteuer, und es hieß Afrika, doch sie war, als Frau, ziemlich unfrei in ihren Entscheidungen und mußte ihrem Wunsch, eigene Wege zu gehen, Abenteuer zu suchen, Forschungsreisen zu unternehmen, Zügel anlegen. Da sie ihren Bedürfnissen nur bedingt nachgeben konnte, wählte sie den Weg in die Phantasie, und was sie dabei an großartiger Literatur hervorbrachte, spiegelt auch ihre aristokratische Wertewelt wider. Man kann sich durchaus vorstellen, daß sie ihre Geschichten und Erinnerungen auch deshalb niedergeschrieben hat, weil sie nicht, wie etwa Margaret Mead, Wissenschaft und Abenteuerlust unmittelbar miteinander verbinden konnte.

Kurz, die Frage nach den Gemeinsamkeiten ist nicht so einfach, und schon gar nicht generell zu beantworten. Die Frauen sehen sich unterschiedlichen Aufgaben gegenüber, die mal diese, mal jene Eigenschaften und Talente erfordern, die man je nach Blickwinkel als männlich oder weiblich bezeichnen mag. Allgemein kann man wohl sagen, daß die Frauen, ob nun feministisch eingestellt oder nicht, im privaten Leben wie im Beruf auf vielfältige Hindernisse treffen, die sie je nach Temperament oder anderen Dispositionen unterschiedlich zu meistern suchen, als Schriftstellerinnen anders denn als Wissenschaftlerinnen, wobei sich innerhalb dieser Tätigkeitsfelder viele weitere Unterschiede zeigen.

Frage: Nun kann man wohl kaum alle Frauen, die Sie genannt haben, als Feministinnen im strengen Wortsinn bezeichnen. Sind sie dennoch Ihrer Meinung nach Vorläuferinnen oder, sagen wir, »Vorarbeiterinnen« der heutigen Frauenbewegung?

Vorarbeiterinnen oder, genauer gesagt, Nacharbeiterinnen sind diese Frauen allemal. Nacharbeiterinnen deswegen, weil die Frauenbewegung ja bereits bestand. Die Bewegung ist älter als die genannten Frauen. Sie setzte spätestens Ende des 18. Jahrhunderts ein.

Als Feministin im heutigen Wortsinn verstand sich eindeutig Simone de Beauvoir, versteht sich heute Christa Wolf. Karen Horney würde sich wahrscheinlich nicht als Feministin bezeichnen, wenn wir sie noch fragen könnten. Helene Deutsch würde die Bezeichnung mit Sicherheit ablehnen. Bei Margaret Mead bin ich mir nicht so sicher. Sie hätte wahrscheinlich nichts dagegen einzuwenden, wenn man sie als Feministin etikettierte.

Frage: Was hat die Frauen, deren Leben Sie auch mit Hilfe des psychoanalytischen Erklärungsmodells zu durchleuchten versuchen, dazu veranlaßt, die ihnen zugeschriebene soziale Rolle abzulegen, zumindest teilweise, und sich Tätigkeiten und Interessen zuzuwenden, die zu ihrer Zeit – und auch heute noch – weithin Männern vorbehalten waren?

Ich bin nicht sicher, ob man den Sachverhalt so formulieren kann. Schriftstellerinnen gab es zu allen Zeiten. An Zahl waren sie sicher den Männern unterlegen, aber gewiß nicht nur auf diesem Gebiet. Philosophinnen müssen wir freilich mit der Lupe suchen. Das hängt womöglich damit zusammen, daß Frauen den abstrakt-sprachlich-gedanklichen Höhenflügen der Männer nicht sonderlich viel abzugewinnen vermögen – aus welchen Gründen, das wäre eine andere Diskussion. Auch liegt es den Frauen offensichtlich weniger als den Männern, mit Worten und Gedanken Rivalitäts- und Machtkämpfe auszutragen, etwa in wissenschaftlichen Streitgesprächen, in denen man statt mit Waffen mit Worten ficht, was ja in der Tat ein großer Fortschritt ist.

Wie dem auch sei, Christa Wolf, Helene Deutsch, Karen Blixen und andere sind nur partiell aus den Rollenvorstellungen herausgetreten, wie sie seinerzeit – und abgeschwächt heute – vorherrschten, mögen sie ihre weibliche Rolle im Laufe der Zeit auch besonders lebendig ausgestattet und modifiziert oder unter dem Zwiespalt der Werte mehr als andere gelitten haben.

Simone de Beauvoir und auch Margaret Mead haben sich ganz bewußt der tradierten Frauenrolle entzogen und daraus Stärke und Selbständigkeit des Denkens und Handelns bezogen. Das hinderte sie freilich nicht daran, zeitweilig oder auch länger in enger Gemeinschaft mit einem Mann zu leben. Margaret Mead war dreimal verheiratet, und ihre Männer standen, wie bekannt, mehr oder weniger im Schatten ihrer Person. Gleichzeitig hatte sie über Jahre hin Beziehungen zu Frauen. Ohne Frage war sie aktiver und durchsetzungsfähiger als die meisten Männer ihrer Umgebung.

Frage: Lassen sich aus den Schicksalen dieser Frauen, aus ihrem Leben und Arbeiten, Lehren oder Anregungen für die Frauen von heute ziehen?

Solche Fragen sind im allgemeinen schwer zu beantworten. In diesem Zusammenhang besonders. Wir verdanken den genannten und zahlreichen anderen Frauen eine beträchtliche Erweiterung unseres Wissens und viele Beispiele für mehr oder weniger geglückte Bemühungen, stereotype Rollenzuweisungen abzuwehren. Dennoch, die Frauen, von denen wir hier sprechen, bleiben, trotz aller Selbsterforschung und -befreiung, im Grunde der ihnen vermittelten Wertewelt verbunden, mögen sie nun Helene Deutsch, Karen Horney oder Karen Blixen heißen. Ausnahmen sind bis zu einem gewissen Grad Margaret Mead und Simone de Beauvoir. So unverständlich sie, jedenfalls streckenweise, in manchen ihrer Äußerungen und Verhaltensweisen erscheinen, sie haben doch, bis an die Wurzeln gehend, mit den bestehenden Wertvorstellungen und geschlechtsspezifischen Einstellungen gebrochen und sich von den damit einhergehenden Denkeinschränkungen befreit.

Von diesen Frauen kann man sicher lernen, auch für die heutige Praxis, beispielsweise wie man sich gegen Anpassungszwänge zur Wehr setzen kann. Natürlich liefern sie keine Rezepte, sondern geben allenfalls Richtungen an. Was von allen selbst- und fremdernannten Lehrern und Führern gilt, das trifft auch auf sie zu: Wer ihnen bedingungslos und unkritisch folgt, gibt sich selbst auf und verfehlt seinen Weg, der nur ein eigener sein kann. Der bei Männern so beliebten Führergefolgschaft sollten die Frauen nicht nacheifern…

Frage: Können Sie, auch aufgrund Ihrer psychoanalytischen Erfahrung, sagen, ob Frauen, damals wie heute, mit anderen Erwartungen, Einstellungen und Absichten an ihre Arbeit, ob wissenschaftliche oder künstlerische, herangehen als Männer?

Frauen sind sicher zunächst viel unsicherer als Männer, denn sie haben ja gegen viel stärkere Widerstände, gegen vorgefaßte Meinungen und historisch fixierte Rollenbilder anzukämpfen, gegen Hindernisse, die sie nicht nur draußen, in der Gesellschaft erfahren, sondern auch in sich selbst, in den Einstellungen und Erwartungen, die sie im Laufe ihrer Sozialisation verinnerlicht haben, ob sie wollen oder nicht. Also müssen sie sich nicht nur mit den Erfordernissen auseinandersetzen, die der von ihnen gewählte Beruf an sie stellt, was schon schwierig genug ist, sondern auch mit der Männerwelt, die der Arbeitswelt ihr Gepräge gegeben hat. Dazu kommt die ständige Auseinandersetzung mit den gesellschaftlichen Vorstellungen, die sie verinnerlicht haben, verinnerlichen mußten, um überleben zu können. So gesehen, bedeutet Arbeit für Frauen, wo auch immer, stets etwas anderes und auch mehr als für Männer, ob dies den einzelnen Frauen nun bewußt ist oder auch nicht. Frauen müssen in vergleichbaren Positionen nicht nur mehr leisten als Männer, sondern sie müssen auch ihr Frausein immerzu quasi rechtfertigen oder behaupten. Die männliche Identität ist so eingefahren, daß sie von ihnen als gleichsam naturgegeben erlebt wird. Sie trägt oft zu ihrer Einfühlungslosigkeit und Starrheit bei. Die Frauen müssen sich ihre erst erobern, bisher wurde ihnen »weibliche Identität« von außen aufgezwungen.

Frage: Würden Sie denken, daß Frauen bereits dann emanzipiert sind, wenn sie die gleichen Rechte, nicht nur in der Theorie, sondern auch in der Praxis, hätten wie Männer?

Was heißt schon emanzipiert? Ist man emanzipiert, wenn man sich von Vorurteilen und Rollenklischees befreit hat? Wenn Frauen die gleichen Rechte hätten wie Männer, aber auch die gleichen »Werte« verinnerlicht hätten, dann wären ihre Gedanken genauso vollgestopft mit Projektionen, vorgefaßten Meinungen und falschen oder einseitigen Wert- und Erfolgsvorstellungen wie die der Männer. Das kann nicht der Sinn von Emanzipation sein.
Solange sich die bestehende Wertewelt nicht ändert, ihre Widersprüchlichkeit nicht erkannt, sie nicht dauernder Kritik ausgesetzt ist, ändern sich weder Männer noch Frauen. Es genügt also nicht, wenn Frauen nur in die Männerwelt eintreten und dort die gleichen Rechte genießen. Sie werden dann nur wie der durchschnittlich erfolgsbesessene Mann, und das ist ja nicht gerade erstrebenswert, jedenfalls nicht für mich.

Frage: Es ist sattsam bekannt, und Sie haben es ja eben selbst betont, daß Frauen im Berufsleben es auch bei gleichen Voraussetzungen schwerer haben als Männer. Sind Frauen für die »Männerwirtschaft« weniger gerüstet, weniger geeignet?

Wenn Sie mit »weniger geeignet« meinen »körperlich und geistig schwächer« und damit einem uralten Vorurteil anhängen, dann würde ich Ihre Frage verneinen. Auf der anderen Seite sind Frauen aufgrund ihrer Sozialisation, die ja ein lebenslanger Prozeß ist, weniger vorbereitet als Männer auf diese von Kampf und Unterdrückung, Herrschaft und Unterordnung, Erfolg und Leistung verunstaltete Arbeitswelt. Wenn Sie das meinen, dann sind Frauen weniger geeignet. Aber gerade diese Nicht-Eignung scheint mir ein Vorteil zu sein, nicht nur für Frauen.

Frage: Männer nehmen auch in zahlenmäßig von Frauen dominierten Betrieben weitaus die meisten leitenden Funktionen ein. Fehlt es den Frauen an Führernatur?

Das kann man nur hoffen. Sie sollten solche Führungsneigung, auch bei sich selbst, noch gründlicher in Frage stellen und sich gegen die männlichen »Sach- und Machtzwänge« energischer als bisher zur Wehr setzen. Was immer »Führernatur« bedeuten mag, eine nachdenkliche Frau dürfte, wie ich es sehe, wenig Neigung verspüren, hierarchische Strukturen aufzubauen und »Führerin« in solchermaßen strukturierten Verbänden zu sein. Im übrigen ist ja bekannt, daß Verstand und Können nicht unbedingt proportional mit der hierarchischen Stufenleiter zunehmen, weder in der Wirtschaft noch in der sogenannten großen Politik. Ich versage es mir, Beispiele aufzuzählen.

Frage: Frau Mitscherlich, was wäre für Sie die wahre Emanzipation der Frau, einmal alle definitorischen Finessen beiseite gelassen? Kann es diese Emanzipation jemals geben?

Für mich bedeutet Emanzipation: Befreiung von bestehenden, sozial fixierten, oft verinnerlichten Werten und Vorstellungen, die man oder frau als falsch und gefährlich erkannt hat oder deren Widersprüchlichkeit ausgeklammert wird. Emanzipation ist nichts Abgeschlossenes. Sie ist eher Haltung als Ergebnis. Sie ist für den einzelnen, denn nur er oder sie kann sich emanzipieren, eine lebenslange Auseinandersetzung mit der Innenwelt und der von Menschen geschaffenen und gestalteten Umwelt, die sich heute durch heuchlerische Moral, tödliche Rigidität, falsche und verhängnisvolle Ehr- und Rechtsbegriffe auszeichnet. Für mich ist Emanzipation der ständige Versuch einzelner, unmenschliche Zustände, gleich, in welchem Bereich, wahrzunehmen und zu ändern, zum Besseren, Dialektischen hin – denn wer glaubt, die endgültige Wahrheit, das Gute gefunden zu haben, wird sicherlich zum Entstehen neuer Intoleranz und erbarmungsloser »Ideale« beitragen.

(Mit Margarete Mitscherlich sprach Willi Köhler.)

Anhang

Literaturverzeichnis

Adorno, Theodor W. (1966): *Negative Dialektik.* In: *Gesammelte Schriften*, Bd. 6. Frankfurt am Main 1973

Améry, Jean (1977): *Jenseits von Schuld und Sühne.* Stuttgart

Bäumer, G. (1914): *Der Krieg und die Frauen.* Zit. nach U. Müller-Plantenberg, Zur Geschichte der Lage der Frauen in Deutschland. *Das Argument*, 22, 1962

Blum, H. P. (Hg.) (1976): Female psychology. In: *J. Am. Psychoanal. Ass.*, 24. Supplement

Chasseguet-Smirgel, J. (Hg.) (1979): *Psychoanalyse der weiblichen Sexualität.* Frankfurt am Main

– (1974): Perversion, Idealization and Sublimation. In: *Intern. Journal of Psycho-Analysis*, 55, S. 349–357

Chodorow, Nancy (1978): *The Reproduction of Mothering; Psychoanalysis and the Sociology of Gender*, The Regents of the University of California; dt.: *Das Erbe der Mütter; Psychoanalyse und die Soziologie der Geschlechter*, München 1985

Clark, Ronald W. (1981): *Sigmund Freud*, S. Fischer Verlag, Frankfurt am Main

Dahmer, Helmut (1989): Psychoanalytische Sozialforschung. In: ders., *Psychoanalyse ohne Grenzen.* Freiburg im Breisgau, S. 35–47

Damm, Sigrid (1988): *Cornelia Goethe*, Frankfurt am Main

Deutsch, Helene (1930): Der feminine Masochismus und seine Beziehung zur Frigidität. In: *Internationale Zeitschrift für Psychoanalyse*, 16, S. 172–184

Dinnerstein, D. (1979): *Das Arrangement der Geschlechter*, Stuttgart

179

Eissler, Kurt R. (1963): Die Ermordung von wie vielen Kindern muß ein Mensch symptomfrei ertragen können...? *Psyche*, 17, S. 241–291

Erdheim, Mario (1987): Mann und Frau – Kultur und Familie. In: Karola Brede et. al. (Hg.), *Befreiung zum Widerstand*, Fischer Taschenbuch 6789

Freud, Sigmund (1905): Drei Abhandlungen zur Sexualtheorie. In: *Gesammelte Werke (GW)*, S. Fischer Verlag, Frankfurt am Main, S. 27

– (1910): Eine Kindheitserinnerung des Leonardo da Vinci. In: *GW* VIII, S. 127

– (1910): Die zukünftigen Chancen der psychoanalytischen Therapie. In: *GW* VIII, S. 103

– (1912/13): Totem und Tabu. In: *GW* IX

– (1917): Über Triebumsetzungen, insbesondere der Analaerotik. In: *GW* X, S. 401

– (1923): Die infantile Genitalorganisation. In: *GW* XIII, S. 291

– (1924): Der Untergang des Ödipuskomplexes. In: *GW* XIII, S. 393

– (1925): Selbstdarstellung. In: *GW* XIV, S. 86

– (1931): Über weibliche Sexualität. In: *GW* XIV, S. 515

– (1933): Neue Folge der Vorlesungen zur Einführung in die Psychoanalyse. In: *GW* XV, S. 143

– (1937): Der Mann Moses und die monotheistische Religion. In: *GW* XVI, S. 101

– (1960): *Briefe 1873–1939*. Hg. von E. und L. Freud. S. Fischer Verlag, Frankfurt am Main

Freud, Sigmund u. Josef Breuer (1885): Studien über Hysterie. In: *Gesammelte Werke* (GW), Bd. 1, S. 75, S. Fischer Verlag, Frankfurt am Main

Gilligan, Carol (1982): *Die andere Stimme*, München

Giordano, Ralph (1987): *Über die zweite Schuld. Oder Von der Last Deutscher zu sein.* Hamburg

Gouges, Olympe de (1781): Erklärung der Rechte der Frau und Bürgerin. In: dies., *Schriften*. Frankfurt am Main 1980, S. 40–48

– (1793): An das Revolutionstribunal. In: dies., *Schriften*. Frankfurt am Main 1980, S. 121–129

Greenson, R. R. (1968): Dis-identifying from mother: its special importance for the boy. In: *Internationale Zeitschrift für Psychoanalyse*, 49, S. 370–374

Grunberger, Béla (1964): Beitrag zur Untersuchung des Narzißmus in der weiblichen Sexualität. In: Janine Chasseguet-Smirgel (Hrsg.), *Psychoanalyse der weiblichen Sexualität*. Frankfurt am Main 1974, S. 97–119

180

Günzel, Sigrid (1989): Ava und Edam – zur Partnerschaft der Geschlechter. In: *Psyche*, 43, März 1989

Heider, Ulrike (Hg.) (1986): *Sadomasochisten, Keusche und Romantiker*, Reinbek bei Hamburg

Horkheimer, Max u. Theodor W. Adorno (1944): *Dialektik der Aufklärung*, S. Fischer Verlag, Frankfurt am Main 1972

Irigaray, Luce (1980): *Speculum; Spiegel des anderen Geschlechts*, Frankfurt am Main

Jelinek, Elfriede (1989): Zit. nach Volker Hage, Unlust. *DIE ZEIT*, 15. 1989

Jones, Ernest (1962): *Das Leben und Werk von Sigmund Freud*, 3 Bde., Bern/Stuttgart

Klauber, J. (1980): *Schwierigkeiten in der analytischen Begegnung*, Frankfurt am Main

Kohut, Heinz (1968): Die Begutachtung von Bewerbern um die psychoanalytische Ausbildung. In: ders., *Introspektion, Empathie und Psychoanalyse*. Frankfurt am Main 1977, S. 89–102

Kris, Ernst (1952): *Die ästhetische Illusion*. Frankfurt am Main 1977

Masters, William H. und Virginia E. Johnson (1966): *Die sexuelle Reaktion*. Reinbek bei Hamburg 1970

Mauz, Gerhard (1987): »Ich kann mit dieser Ungewißheit nicht leben«. · *DER SPIEGEL*, Nr. 18 vom 27. 4., S. 274–278

Meier, O. (Hg.) (1981): *Die Töchter von Karl Marx; Briefe*, Köln

Mills, Patricia J. (1987): *Women, Nature, and Psyche*. New Haven

Mitchell, Juliet (1984): *Psychoanalyse und Feminismus*, Frankfurt am Main

Mitscherlich, Margarete (1985): *Die friedfertige Frau*, S. Fischer Verlag, Frankfurt am Main

– (1987): *Erinnerungsarbeit*, S. Fischer Verlag, Frankfurt am Main

Moser, Tilmann (1989): Als Therapeut war Freud kein Freudianer. In: *Frankfurter Allgemeine* v. 16.9.1989

Mumford, Lewis (1970): *The Pentagon of Power*. Dt.: *Der Mythos der Maschine; Kultur, Technik und Macht*. Fischer Taschenbuch 4001

Olivier, Christiane (1984): *Jokastes Kinder; Die Psyche der Frau im Schatten der Mutter*, Düsseldorf

Prokop, Ulrike (1985): Die Melancholie der Cornelia Goethe. In: Luise F. Pusch (Hg.), *Schwestern berühmter Männer*, Frankfurt am Main

Reiche, Reimut (1988): Sexuelle Revolution – Erinnerung an einen Mythos. In: Lothar Baier et al. (Hg.), *Die Früchte der Revolte*, Berlin
Riefenstahl, Leni (1973): *Die Nuba. Menschen wie von einem fremden Stern*. München
– (1987): *Memoiren*. München, Hamburg
Rohde-Dachser, Christa (1989): Unbewußte Phantasie und Mythenbildung in psychoanalytischen Theorien über die Differenz der Geschlechter. In: *Psyche*, 43, 3
– (1989): Weiblichkeitsparadigmen in der Psychoanalyse. In: Karola Brede (Hg.), *Was will das Weib in mir?*, Freiburg i. Br.

Schlesier, Renate (1980): Die totgesagte Vagina – zum Verhältnis von Psychoanalyse und Feminismus. In: Brigitte Wastmann (Hg.), *Weiblich – Männlich*, Berlin
– (1981): *Konstruktion der Weiblichkeit bei Sigmund Freud; Zum Problem von Entmythologisierung und Remythologisierung in der psychoanalytischen Theorie*, Frankfurt am Main
Schwarzer, Alice (1978): Mythos und Symbol; Simone de Beauvoir über sich. In: *EMMA*, Februar 1978
Sontag, Susan (1974): Faszinierender Faschismus. In: dies., *Im Zeichen des Saturn*. Frankfurt am Main 1983, S. 96–125
Sophokles (1962): *König Ödipus*. Tragödien. Übersetzt und eingeleitet von Heinrich Weinstock. Stuttgart
Spiess-Hohnholz, Mareike (1987): Verlorener Kampf um die Erinnerung. *DER SPIEGEL 41*, Nr. 33 vom 10.8., S. 64–75
Steiner, George (1988): *Die Antigonen; Geschichte und Gegenwart eines Mythos*, München
Stoller, R. J. (1968): *Sex and Gender*, New York

Thalmann, Rita (1987): *Frausein im Dritten Reich*, Berlin
Torok, Maria (1964): Die Bedeutung des Penisneides bei der Frau. In: Chasseguet-Smirgel (Hg.), *Psychoanalyse der weiblichen Sexualität*, Frankfurt am Main 1979
Torok, Maria u. Nicholas Rand (1989): Die Geschichte der Psychoanalyse als Erinnerungsspur. Erörterungen über die Herkunft der Freudschen Begriffe Verführung und Phantasie. In: Karola Brede (Hg.), *Was will das Weib in mir?*, Freiburg i. Br.

Vogt, R. (1986): *Psychoanalyse zwischen Mythos und Aufklärung oder das Rätsel der Sphinx*, Frankfurt am Main; Fischer Taschenbuch 6642

182

Welsch, U. u. M. Wiesner (1988): *Lou Andreas-Salomé; Vom »Lebens-grund« zur Psychoanalyse*, München

Wolf, Christa (1988): *Voraussetzungen einer Kassandra*, Darmstadt

Wollstonecraft, Mary (1790): *Vindication of the Rights of Women*. Dt. 1899 v. P. Berthold (Berta Pappenheim): *Eine Verteidigung der Rechte der Frau mit kritischen Bemerkungen über politische und moralische Gegenstände*, Dresden / Leipzig

Zwerenz, Gerhard (1987): *Die Rebellion der kleinen Soldaten. Frankfurter Rundschau* v. 29. 8. 1987

Namen- und Sachregister

Zusammengestellt von Bernadette Eckert

Ablösungsarbeit 86, 88 f.
Abrüstung 23
Abstraktionsfähigkeit v.
  Frauen 35
Abwehr 17, 72, 108, 130
Abwehrmechanismen 67, 93,
  142
  geschlechtsspezifische 85 f.
Adenauer, Konrad 23
Adorno, Theodor W. 107 – 111,
  116 f., 124
Äschylos 20
Aggression(en), Frauen u. 9, 17,
  29, 31, 39 f., 64 f., 72 f., 79,
  83
Aggression(en), Männer u. 17, 20,
  31, 43, 65, 72, 85
Aggressionstrieb 17, 112
Aggressionsverschiebung 17
Allgemeiner Deutscher Frauen-
  verein 26
Ambivalenz 71
Amery, Jean 52
Analyse, unendliche 88, 92
Anatomie als Schicksal v.
  Frauen 148 f.
Andreas, Friedrich Carl 126
Andreas Salomé, Lou 125 ff.
Anna O. s. Pappenheim, Bertha
Antigone 121

»Antigonen, Die«
  (G. Steiner) 122
»Arrangement der Geschlechter,
  Das« (D. Dinnerstein) 38
Assoziation, freie 100
Atomenergie 24, 31
Aufklärung 97, 100, 102, 111,
  125, 130
Aufrüstungspolitik 77
Ausbildung, psychoanaly-
  tische 146
Auschwitz 29, 52

Bäumer, Gertrud 27
Beauvoir, Simone de 21, 131, 135,
  168 – 172
Beckett, Samuel 49
Befreiung, äußere und innere 11
Besetzung, libidinöse 110
Bestrafung, Bedürfnis nach 52
Bevölkerungsexplosion 14
Bildungsmöglichkeiten,
  gleiche 124 f.
Bisexualität, psychobiologische 8,
  22, 99, 106
Blixen, Karen 169, 171 f.
Blum, H. P. 148
Blutrache 58
Bonaparte, Marie 128
Braun, Eva 165

184

Brentano, Clemens 130
Breuer, Josef 32, 100
Brustneid 135
Bürgerinitiative(n) 77

Charaktermaske 108
Chasseguet-Smirgel, Janine 104, 148
Chauvinismus, männlicher 19
Chodorow, Nancy 136
Christentum 20, 85, 95
Clark, Ronald W. 147
Clarke, Shirley 164
Code Napoléon 124

Damm, Sigrid 125
Demokratie 118f., 136
Denken, neues 75, 77f., 80f.
Depressivität 104
Deutsch, Helene 52, 105, 168, 170f.
Diehl, Gida 28
Dinnerstein, Dorothy 38, 137
»Drei Abhandlungen zur Sexualtheorie« (S. Freud) 23
Dritte Welt 14
Drittes Reich (s. a. Nationalsozialismus) 29, 53, 95, 150

Eissler, Kurt R. 55
Eluard, P. 81
Emanzipation (s. a. Gleichberechtigung) 10, 28, 173
u. Wehrdienst 40f.
Emanzipation d. Mannes 109f.
Entidealisierung 19
Entwicklung, psychische 22, 36, 44, 71, 137, 150
d. Frau 98, 107, 128
d. Mannes 23
Entwicklungsphasen 37, 68
Erdheim, Mario 104

»Erklärung der Menschenrechte« 18, 123
»Erklärung der Rechte der Frau« (O. de Gouges) 18, 123
Eros 117
Erziehung, männliche 8, 43, 73
Erziehung, weibliche 7f., 16, 25, 43, 78
u. Gefühle 23, 29
Erziehung u. Rollenverhalten 29, 74
Exogamie 119

Familie 13, 63, 101
Faschismus (s. a. Nationalsozialismus) 27, 110, 165
»Faszinierender Faschismus« (S. Sontag) 164
Feder, Gottfried 28
Feminisierung d. Gesellschaft 13, 63
Feminismus/Feministinnen 21, 35f., 172
radikale 27f.
Fetischismus 121
Feuerbach, Ludwig 130
Forschung, feministische 112
Forschungsmethoden, objektive 101
Frau(en)
u. Aggression 9, 17, 29, 39f.
biologische Bewertung v. 95
als Feindin d. Kultur 39
Friedlichkeit v. 7, 9, 75
genitale Reife 105
Gefühle(n), Umgang mit 23, 29
gesellschaftliche Unterdrückung 15f., 76, 115
Kampfbereitschaft v. 24, 64
Objektbezogenheit v. 17
psychische Entwicklung 98, 107, 128

Frau(en) *Forts.*
 sadomasochistische Opferhaltung 17, 34
Frauenbewegung
 bürgerliche 26 ff.
 Differenzen innerhalb d. 39
 Entpolitisierung d. 21 f., 34
 neue 19 f., 66, 77, 79, 170
 organisierte 19, 26, 31, 33,
  123 f., 128 f.
Frauenbund, nationalsozialiti-
 scher 28
Frauenselbsterfahrungsgruppen 21
Frauenverachtung 20, 79
Fremdenhaß 16
Freud, Anna 127, 144
Freud, Martha 32
Freud, Sigmund 8, 17, 21 ff.,
 31 ff., 37, 39, 48, 67, 73, 82 f.,
 97–104, 106, 109, 111, 115,
 118 f., 127, 132, 140, 143, 149,
 156
 seine Einstellung zu
  Frauen 33 f., 127 f.
 seine Selbstanalyse 101, 132,
  141
Friedensbewegung 77
»Friedfertige Frau, Die« (M. Mitscherlich) 7, 11, 16, 31

Gebärfähigkeit 35 f.
Gebärneid 117
Gebärschmerz 107 f.
Geburtenrückgang 15
Generationskonflikte 79
Geschlechtsidentität 71 f., 137 f.,
 153
Geschlechtsunterschiede(s), Ent-
 deckung d. 152 f., 155
Geschwisterlichkeit 121 f.
Gesellschaft, autoritäre 16

Gesellschaft, bürgerliche 100,
 109, 115
Gesellschaft, Feminisierung d. 13
Gewalt, Kriminalität v. 60
Gewalt, männliche 35, 50
Gewissen, geschlechtsspezifi-
 sches 16 f., 65
Gewissen, männliches 16, 67
Gilligan, Carol 136 f.
Gillot, Hendrik 126
Giordano, Ralph 76
Gleichberechtigung (*s. a.* Emanzi-
 pation) 19, 26, 41 f., 78
 rechtliche 124
Goebbels, Paul Josef 23, 158
Göring, Hermann 29
Goethe, Cornelia 125 f.
Goethe, Johann Wolfgang 125 f.,
 130
Gorbatschow, Michail 23
Gouges, Olympe de 18, 100,
 123
Greenson, R. R. 137
Grünen, die 77
Günzel, Sigrid 38

Haßgefühl(e) 78 f.
Hegel, G. W. F. 104, 121 f.
Heider, Ulrike 21
»Heiliger Berg« (Film) 163 f.
Heisenberg, Werner 147
Helfersyndrom 59
Heterosexualität 121
Historikerstreit 77
Hitler, Adolf 27 f., 47, 76, 128,
 151, 159 f., 162–165
Hoffnungskrankheit 86, 88 f.,
 91 f.
Homosexualität 99
 latente 118, 136
Horkheimer, Max 104, 109–111,
 115 ff.

Horney, Karen 170, 173
Hysterie 103
    Verführung als Ursache 133

Ich/Ich-Entwicklung 9, 35, 50,
    83, 85, 120, 140
    männliche 98
Ich-Ideal d. Knaben 104 f.
Ich-Ideal d. Mädchens 105 f.
Ideale, falsche 78
Idealisierung 20, 54, 65, 80,
    86
Identifikation mit dem Aggres-
    sor 43
Identifikation mit Tätern 47
Identifizierung 37
    männliche 126
Identität 107 f.
    Geschlechts- 71 f., 137 f., 153
    geschlechtsspezifische 145
    psychoanalytische 108, 143,
    147, 149 ff.
    weibliche 35
Ideologie 108
Impotenz, Angst vor 83, 85
Industrieländer 15
Inkorporation d. Vaters 112, 115,
    118
Internationale, sozialistische 26
Internationale Psychoanalytische
    Vereinigung 151
Internationaler Frauenrat(es), Kon-
    greß d. 27
Inzestverbot 35, 103
Irigaray, Luce 137

Jelinek, Elfriede 53
»Jenseits von Schuld und Sühne«
    (J. Amery) 52
Johnson, Virginia E. 105
Jokaste 112 ff.

Kant, Immanuel 100, 125
»Kassandra« (Ch. Wolf) 20
Kastrationsangst 17, 65, 73, 82 f.,
    98, 106, 115, 131, 138, 151
Kinderwunsch b. Frauen 139, 151
Kirche(n) u. Frauenverachtung 20,
    95 f.
Klauber, J. 144
Klein, Melanie 72 f., 106, 150,
    152 f.
Klitoris 104 ff., 117, 139
    Erogenität d. 105
»König Ödipus« (Sophokles) 48
Körperbild(es), Festigung d. 138
Körper-Ich 106 f., 120
Kohl, Helmut 34
Kohut, Heinz 144
Kränkung, narzißtische 90
Kriminalität 60
Kriminalitätsopfer 60
Kris, Ernst 110
Kunst, faschistische 27, 165

Laienanalyse 128
Laios 112, 114
Latenzzeit 120, 139
Lebensborn 29
Libido 22, 86, 112, 141
    u. Heterosexualität 121
Liebesobjekt, erstes 20
Liebesverlust, Angst vor 17, 65,
    69, 74, 82–85, 88 f., 91, 93 f., 96
Linke, neue 21
Lustprinzip 109

Macht, Angst vor 44
Männerbund, nationalsoziali-
    stischer 28
Männlichkeit 45, 84
Männlichkeitstheorie, psychoana-
    lytische 132
Männlichkeitswahn 61 f.

187

Mann / Männer(n)
  u. Aggression 17, 20, 31, 43, 65,
    72, 85
  Selbstbehauptung v. 16
  Selbstentfremdung v. 45
Marie Antoinette 18
Marx, Karl 21, 148
Maschinendenken 110
Maschinenmythos 100
Masochismus 9, 51
  erogener 52
  femininer 52,83,107f.,148,154
  moralischer 52
»Massenpsychologie und Ich-
  Analyse« (S. Freud) 48
Masters, William H. 105
Matriarchat 113, 115, 119
Mauz, Gerhard 93
Mead, Margaret 168–172
Medea 121
Melancholie 90
Menarche 139
Menstruationsschmerz 107
Mentalität, deutsche 16
Messner, Reinhold 158
Mills, Patricia J. 112
Mitchell, Juliet 148
Mitschuldvorwürfe an Opfer 56 f.,
    61
Monismus, Freuds phallischer 23
Moral 20, 83 f.
  männliche 137
  weibliche 17, 83, 137
Moser, Tilmann 146
Moses (von Michelangelo) 111
Motive, unbewußte 34, 48, 54, 67,
    111, 132
Mumford, Lewis 100
Mütterlichkeit, Idealisierung d. 20,
    34, 36
Mutter
  allmächtige 71

Haß auf d. 34
  Identifizierung mit d. 73 f.
  ödipale 38
  präödipale 38
Mutter-Kind-Dyade 155
Mutter-Sohn-Beziehung, Idealisie-
  rung d. 115 f.
Mutterbild, Identifikation mit
  d. 77
Mutterleib, Rückkehr in d. 103
Mutterrolle 34
Mutterschaft 119

Narzißmus 90, 93, 154 f.
  männlicher 68, 76
  weiblicher 102
Nationalsozialismus 27 f., 48, 60 f.,
    63, 68, 76, 119, 129
  Opfer d. 44, 47, 55, 60
Neonationalsozialismus 16
Neurose(n), Entstehung v. 68 f.
  Kernkomplex 97 f., 112
New Age 75
Nietzsche, Friedrich 126, 130
»Nicht der Mörder, der Ermordete
  ist schuldig« (F. Werfel) 48
Normalität 143
NSDAP (Nationalsozialistische
  Deutsche Arbeiterpartei) 28
»Nuba, Die« (L. Riefenstahl) 158

Objektbezogenheit b. Frauen 17
Objektivität, wissenschaftliche
    101
Objektliebe 102
Objektwelt, innere 90
Ödipuskomplex 97 f., 106, 112,
    122, 141
  Lösung d. 98
Ödipuskonflikt 49
Ödipus-Mythos 97 f., 109, 111,
    113–116

Odyssee 111, 119
Odysseus, Mythos von 109, 116 f., 119
Olivier, Christiane 103, 121, 137
Onanie 138 f.
Opfer u. Familie 58 f.
Opfer(n), gesellschaftl. Umgang mit 47 f. 53–56, 60 ff.
Opferbegriff, Definition 56
Opferhaltung, sadomasochistische 17, 66
Opferhilfe 59
Opferschaden 55
Orgasmus, vaginaler 105
Otto-Peters, Luise 124

Papandreou 38
Pappenheim, Bertha (Anna O.) 30 ff., 123
  ihr Familienleben 32 f.
Paragraph 218 14, 63 f.
Partialobjekt 102, 105, 118, 121
Partnerschaft, moderne 117
Patriarchat(s) 19, 98, 101, 109, 114, 119 f.
  Ursprung d. 113
Penelope 116, 119
Penis 102, 104
Penisneid 23, 117, 134, 138 f., 148, 151
»Pentagon of Power, The« (L. Mumford) 100
Persönlichkeitsentwicklung 8
Perversion 104, 121
Phase, anale 71, 106
Phase, orale 72, 106, 153
Phase, phallische 106
Politik/Politiker 13 f., 21
  konservative 16

Politik, Feminisierung d. 63
Pornographie 121
Position, depressive 72
Position, paranoid-schizoide 72
Position, projektiv-spaltende 72 f.
Privatheit, Flucht in d. 21
Projektion 17, 30, 72, 78, 114
  paranoide 62
Prokop, Ulrike 125
Prostitution 33
Psychoanalyse
  Abwertung d. 21, 67
  Anfänge d. 22 f., 31
  u. Aufklärung 22, 97
  Ausbildung 146
  Entmythologisierung in d. 130
  Geschichte d. 128 ff., 145
  Logik d. 101
  Männlichkeitstheorie 131 f.
  Remythologisierung in d. 130
  Spaltungsbewegungen in d. 146
  Traumatheorie 68 f.
  als weibliche Wissenschaft 23, 99, 101, 123
  Weiblichkeitstheorie 9, 22, 67 f., 97, 115, 128, 131 ff., 136, 148 f., 155 f.
Psychologie, weibliche 23, 34
Pubertät 58, 107, 117, 120

RAF (Rote-Armee-Fraktion) 43, 56
Rand 140 f.
Rank, Otto 103
Rassismus 30
Rationalisierung(en) 30, 54, 67, 81, 130
Rationalismus, männlicher 21
Reaktionsbildung 9, 33
Realitätsprinzip 104, 122

Realitätsverlust 90
Rée, Paul 126
Regression 103
Regression, dialektische 110
Regression im Dienst d.
  Ich 110
Regressionsängste 116
Reiche, R. 129
Reife, genitale 105
Republikaner 16
Rettungsphantasien, idealisie-
  rende 75
Revolution, Französische 18,
  123 f., 130
Revolution von 1848 124
Riefenstahl, Leni 157–165
  Verhältnis zu Hitler 162 f.
Rilke, Rainer Maria 126
Robespierre, Maximilien de 18,
  123
Rohde-Dachser, Christa 130, 133
Rollenänderung 118
Rollenstereotype 11, 19, 77, 80,
  84
Rollenverhalten, Erziehung u. 29,
  74

Sander, Helke 148
Sartre, Jean Paul 26
Schlesier, Renate 102, 130
Schmerzen, Ertragen körper-
  licher 107 ff.
Schopenhauer, Arthur 130
Schuldgefühl(e) 39 f., 52
  depressive 73
  falsche 78
Schwangerschaft 14, 107, 139
Schwarzer, Alice 131, 135
Schweinichen, Marieluise von 12
Selbst, falsches 45
Selbstanalyse, Freuds 101, 132,
  141

Selbstbehauptung, weibliche 75,
  77 f., 81
Selbstwertgefühl 47, 90 f.
Sexismus 30
Sexualität 15, 54, 99
  genitale 110
  reife 120
Sexualität, weibliche 23, 34 f., 52,
  102, 105, 114
  aktive 103
  Passivität 102 f.
Sontag, Susan 27, 164 f.
Sophokles 48
Sozialisation (s. a. Erziehung) 9
  geschlechtsspezifische 85
Sozialismus / Sozialistinnen 27 f.
Sozialpsychologie 9
Speer, Albert 161
SPD (Sozialdemokratische Partei
  Deutschlands) 63 f.
Spielverhalten, kindliches 137 f.
Sphinxrätsel(s) 98, 112, 114
  Lösung d. 113 f.
Stalin 29
Steiner, George 122
Stoller, R. J. 152
Studentenbewegung 3, 40, 129
»Studien zur Hysterie« (Breuer u.
  Freud) 32
Sündenbock 16, 18, 43, 85
  Suche nach 61 f., 64 f., 74
Sündenbockfunktion v. Tätern
  57
Symbiose 20, 35, 70
Symbolisierungsfähigkeit v.
  Frauen 35
Symptome, neurotische 32 f.

Täter(n), Sündenbockfunktion
  v. 57
talking cure 32, 100
Thalmann, Rita 26

»Theoretische Abhandlungen«
  (S. Freud) 23
Therapeut(en), Beziehung
  zum 86f.
Torok, Maria 138, 140f.
»Totem und Tabu« (S. Freud)
  119
»Totgesagte Vagina, Die« (R. Schle-
  sier) 103
Trauer, akute 86, 88
Trauerarbeit 89
Trauma u. Neurose 68f.
Trennung(en) 86, 90–93
Triebbedürfnisse 22, 72
Triebentwicklung 68f., 106
  Phasen d. 72, 106
  weibliche 98
Triebfixierung 110
Triebtheorie, klassische Freud-
  sche 68
Triebverzicht 38
»Triumph des Willens«
  (Film) 164

»Über die zweite Schuld oder die
  Last, Deutscher zu sein« (R.
  Giordano) 76
Über-Ich, Rigidität d. männ-
  lichen 67
Über-Ich, schwaches 17, 67,
  82f.
Über-Ich-Entwicklung, männ-
  liche 17, 98, 106
Über-Ich-Entwicklung, weib-
  liche 17, 35
Übertragungsbeziehung 88
»Unbehagen in der Kultur, Das«
  (S. Freud) 17
Unbewußte, das 34, 48, 54, 97,
  100, 111, 128, 130ff.
Urhorde, Mythos v. der 111,
  118

Vagina 102, 105, 117, 134, 151
  Erogenität d. 105
  als Kastrationswunde 104
Vater, Aggressionen gegen d. 85
Vater, genitaler 104f.
Vater(s), Idealisierung d. 16
Vater(s), Inkorporation d. 112,
  115, 118
Vatermord 118f.
Vaterschaft 119
Varda, Agnès 164
Verdrängung 74, 86, 128
  Aufhebung d. 131
Verführung, sexuelle 68
  u. Neurose 133
Vergeltungsangst 65, 73, 85
Vergewaltigung 47, 50f., 56, 58
Vergewaltigungsphantasien 50f.
Verleugnung 86
Verliebte, akut 86, 88
Vernunft, instrumentelle 101,
  110f.
Viktimologie 55f.
»Vindication of the Rights of
  Women« (M. Wollstonecraft)
  123
Vogt, R. 112, 114

»Warten auf Godot« (S. Beckett)
  49f.
Weber, Max 118
Wehrdienst u. Emanzipation 40f.
Weiblichkeit 8, 13, 22, 26, 36,
  99
  als Einfühlung 30
  neue 20f.
Weiblichkeitstheorie s. Psycho-
  analyse
Weimar, Monika 93
Welsch, N. 127
Weltkrieg, Erster 28, 128f.
Weltkrieg, Zweiter 19, 27, 129

Werfel, Franz 48
Werte, gesellschaftliche 8, 13, 28,
    42, 75, 84
Werteverteilung, geschlechtsspezi-
    fische 8, 17, 63 f., 70, 84
Wertvorstellung, traditionelle 26,
    65, 78
Wiedergutmachung 55
    Bedürfnis nach 72 f.

Wiesner, M. 127
Wissenschaft, objektive 101
Wolf, Christa 20, 168–171
Wollstonecraft, Mary 123

Zärtlichkeit, männlicher Verzicht
    auf 120
Zwangsvorstellungen 154
Zwerenz, Gerhard 163